대장동의 진실

이재명의 방패, 이건태 변호사가 전하는

대장동의 진실

이건태 지음

다윈서가

마음에서 나오는 말은 마음으로 들어간다.

— 탈무드

2부 작가 유동규

3부 대장동 사건이 무죄인 핵심 이유

4부 숲을 봐달라

정치수사, 표적수사

대장동 사건은 윤석열 정권이
이재명 민주당 당대표를 죽이기 위하여
검찰권을 동원하여 지옥의 야차(夜叉)처럼
수사한 헌정사상 유래가 없는 정치수사다.

대장동 사건을 비롯한 이재명 대표를 겨냥한 일련의 사건 수사는 이재명 대표를 표적으로 한 '표적수사'이고, 형사소송법이 정하고 있는 '수사의 상당성'을 지키지 않은 과잉수사, 증거의 해석을 자의적으로 한 '억지수사'이며, 이재명 대표의 주변인물의 혐의를 잡아 구속한 후 숙주로 삼아 이재명 대표에게 올라가려는 '숙주수사'다.

검사들이 검찰의 생명인 '정치적 중립'을 완전히 무시하고 이처럼 맹렬히 정치수사를 하여 검찰의 신뢰를 무너뜨리는 수사행태를 강력히 비판하지 않을 수 없다.

대장동 사건은 비록 현재 재판이 진행 중이지만, 서울중앙지방법원 제23 형사부, 제33 형사부에서 진행된 정진상 전 민주당 정무조정실장[*]의 재판에서 가장 중요한 증거인 유동규 전 성남도시개발공사 본부장에 대한 증인신문이 마무리됐고, 서울중앙지방법원 제33 형사부에서 진행되고 있는 이재명 대표, 정진상 실장의 재판에서 검찰과 변호인 양측의 모두진술 절차가 종료되었기 때문에 상당부분 실체가 드러나 있다.

나는 유동규에 대한 검사 피의자신문조서를 검토하면서, 또 유동규에 대해 법정에서 증인신문을 하면서 유동규의 진술이 일관성이 없고, 검사에 무조건 협조하려는 경향이 뚜렷하며, 객관적 증거나 정황과 배치되기 때문에 유동규의 번복 후 진술은 도저히 믿을 수가 없다고 확신했다. 이런 생각은 나뿐만 아니라 대장동 사건을 맡고

● 이 책에서 이재명 대표는 시점에 따라 이재명 대표, 이재명 지사, 이재명 시장으로, 정진상 전 민주당 정무조정실장은 정진상 실장, 정진상 정책비서관으로, 유동규 전 성남도시개발공사 기획본부장은 유동규로 줄여서 표기한다.

대장동의 진실

범죄 소명 부족으로 영장 기각…검찰, 이재명 영장 재청구 어려울 듯

이재명 더불어민주당 대표가 지난 9월 27일 검찰이 청구한 구속영장을 법원이 기각하자 경기 의왕시 서울구치소를 나서며 입장 발표를 마친 후 고개 숙여 인사하고 있다. 조태형 기자

(경향신문 2023. 10. 7.)

있는 모든 변호사들의 일치된 견해다. 그러니 아마 검사들도 내심으로는 유동규의 진술을 믿을 수 없다고 생각하고 있을 거라고 본다.

대장동 사건을 비롯한 이재명 대표를 겨냥한 일련의 사건 수사는 우리 정치사에 가장 악랄하고 집요한 정적 죽이기 사례로 남을 것이고, 검찰의 역사에서 가장 대표적인 정치수사, 표적수사의 사례로 남을 것이다.

보수 언론은 정진상 실장 재판 초기에는 관련 기사를 쏟아냈지만 유동규가 재판에서 한 증언을 듣고부터는 언젠가부터 보도를 잘 하지 않는다. 여전히 상당수 국민들은 대장동 사건에 대하여 잘 모르고 있다. 안타깝게도 대통령 선거 때 정치공세의 일환으로 쏟아낸 보수 언론의 보도 내용이 진실인 것처럼 알고 있는 국민들도 많다.

내가 이 책을 쓴 이유는 대장동 사건의 진실을 알려서 국민들이 이 사건을 제대로 알게 하고 싶어서이다. 아울러 국민들이 더불어민주당 이재명 대표에 대해 오해와 편견을 갖지 않도록 하기 위해서이다. 그리고 대한민국 검찰이 다시는 이런 정치적 수사를 하지 않도록 하기 위해서이다.

이재명 대표의
최일선 방패

이재명 대표의
최일선 방패

진실을 말하는 사람의 진술은 일관성이 있다.
거짓을 말하는 사람은 진술의 일관성을 유지하기 어렵다.

　검찰은 2021. 11. 1. 유동규를 대장동 사건 관련 특정경제범죄가
중처벌등에관한법률위반(배임), 부정처사후수뢰로 기소했다. 그리
고 검찰은 2021. 11~12. 김만배, 남욱, 정영학, 정민용을 대장동 사
건과 관련하여 특정경제범죄가중처벌등에관한법률위반(배임) 등
으로 기소했다.

　그런데, 이때 공소장의 공소사실을 보면, 유동규 본부장, 김만배
기자, 남욱 변호사, 정영학 회계사, 정민용 변호사가 공모하여 천화

동인 1~7호에 배당이익 651억 5천만 원 및 5개 블록 시행이익에 따른 액수 불상의 재산상 이익을 취득하게 하고, 피해자 성남도시개발공사에게 동액 상당의 손해를 가하였다고 기재되어 있다.

즉, 검찰은 2021. 11.경 대장동 사건은 유동규 본부장, 김만배 기자, 남욱 변호사, 정영학 회계사, 정민용 변호사가 공모한 사건이고, 이재명 시장, 정진상 정책비서관과는 무관하다고 결론을 냈던 것이다. 이때 공소사실의 내용에 이재명 시장, 정진상 정책비서관은 등장하지 않는다. 그랬던 것이 정권이 바뀌고 검사들이 전편 개편된 이후에 새로 시작된 수사에서 유동규가 2022. 9. 26.자 검찰조사에서부터 검찰이 원하는 방향으로 진술을 번복하기 시작했다. 그리고 유동규는 2022. 10. 20. 석방되었다.

변호인단은 유동규가 자신의 이익을 위하여 검찰에 굴복하고 협조했다고 확신한다. 유동규의 검찰 진술, 법정 증언을 분석해보면 유동규의 진술이 계속 변경되고 일관성이 없다는 사실이 적나라하게 드러난다. 진실을 말하는 사람의 진술은 일관성이 있다. 거짓을 말하는 사람은 진술의 일관성을 유지하기 어렵다.

검찰은 유동규의 번복 진술을 근거로 김용 부원장, 정진상 실장을 구속 기소했다. 그리고 2023. 3. 22. 이재명 대표를 대장동 사건 관련 특정경제범죄가중처벌등에관한법률위반(배임) 등으로 기소했다.

따라서 검찰의 수사방법은 유동규의 약점을 잡아 협조를 얻어내고, 유동규의 진술을 근거로 정진상 실장을 구속하고, 정진상 실장도 굴복시켜 그의 협조를 얻어내서 이재명 대표도 구속하려고 한 것이다. 그러나 검찰은 정진상 실장의 협조를 얻어내지 못했다.

검찰의 이재명 대표에 대한 공소사실 구조는, 남욱 등 대장동 일당이 유동규에게 뇌물을 제공하고 협조를 요청하고, 유동규가 정진상 정책비서관에게 보고했고, 정진상 정책비서관이 이재명 시장에게 보고했다는 것이다. 이런 구조를 가질 수밖에 없는 까닭은 유동규가 이재명 시장에게 직접 보고한 적이 거의 없기 때문이다. 유동규가 정진상 정책비서관과는 자주 만나고 대화도 하는 사이였기 때문에 정진상 정책비서관에게는 그나마 보고했다고 허위진술이라도 할 수 있지만, 이재명 시장에게는 직접 보고를 하는 사이가 아니었기 때문에 검찰의 공소사실이 유동규와 이재명 시장을 직접 연결하지 못하고 중간에 정진상 정책비서관을 거쳐서 갈 수밖에 없었던 것이다.

이런 공소사실의 구조상 정진상 실장은 이재명 대표를 방어하는 외성과 같은 존재일 수밖에 없다. 나를 비롯한 변호인단은 정진상 실장의 변호인으로서 정진상 실장을 방어하는 것이 곧 이재명 대표를 방어하는 것이라는 사실을 깊이 인식하고 있었다.

검찰은 이재명 대표에 대한 정치수사를 성공시키기 위해서 정진상 실장을 굴복시켜야 했다. 비록 검찰이 유동규의 협조를 얻는 데 성공했지만, 유동규의 진술은 이재명 대표에게 직접 연결되지 못한다. 유동규의 진술은 정진장 실장까지만 연결된다. 그래서 검찰은 반드시 정진상 실장을 굴복시켜야 했다.

검찰은 정진상 실장을 얕잡아 보았다. 검찰은 정진상 실장도 유동규처럼 굴복시킬 수 있다고, 협조를 얻어낼 수 있다고 판단했다. 그러나 그것은 대단한 오산이었다. 검찰은 정진상 실장을 몰라도 너무 몰랐다.

정진상 실장은 이재명 대표를 보호하고 있고 외성과 같은 존재다. 외성이 뚫리면 내성이 위험해진다. 나를 비롯한 정진상 실장의 변호인들은 이재명 대표의 최전방 방어선에 투입된 장수들인 셈이다. 나는 이재명을 지키는 최일선 방패라는 각오로, 민주당을 지키는 검사라는 각오로 윤석열 정권의 정치검사들과 싸우고 있다.

대장동 사건 수사단계에서 변호인은 나, 조상호 변호사, 김동아 변호사였다. 두 변호사는 나와 연수원 기수, 나이 차이가 나지만 우리 세 명은 호흡이 잘 맞았다. 조 변호사는 부동산 개발에 관해 전문적인 지식이 있었고 언론사 기자들을 잘 알고 있어서 도움이 되었고, 김동아 변호사는 우리가 미처 발견하지 못한 쟁점을 잘 찾아냈고 반짝이는 아이디어로 도움이 되었다.

우리 세 사람은 이재명 대표, 정진상 실장이 무죄라는 확신을 가지고 있었다. 또 이재명 대표에 대한 확실한 지지자였고, 이재명 대표를 지켜야 민주당을 지킬 수 있다는 정치적 소신을 가지고 있었다.

나는 정진상 실장의 변호인으로서 정말 많이 만나고 미팅하고 대화했다. 정진상 실장은 한마디로 말해 좋은 사람이다. 내가 굳이 여기서 정진상 실장에 대해 말을 하지 않더라도 앞으로 글을 써가다 보면 자연스럽게 그의 인품이 드러날 것이라고 생각한다.

'이재명 혐의없음'

검찰의 1차 수사결과는 '대장동 사건은
이재명 시장, 정진상 정책비서관과
무관한 사건'이라고 결론을 냈던 것이다.

검찰은 2021. 10. 21. 대장동 사건을 수사하여 유동규를 특정범죄가중처벌등에관한법률위반(뇌물), 부정처사후수뢰로 구속 기소하였고, 2021. 11. 1. 유동규를 특정경제범죄가중처벌등에관한법률위반(배임), 부정처사후수뢰로 추가 기소했다.

이것이 이른바 검찰의 1차 수사다. 유동규의 공소장에는 유동규, 김만배 화천대유 실사주, 남욱 변호사, 정영학 회계사, 정민용 변호사만 등장한다. 이재명 시장, 정진상 정책비서관은 등장하지 않는다. 검찰의 1차 수사결과는 '대장동 사건은 이재명 시장, 정진상 정책비서관과 무관한 사건'이라고 결론을 냈던 것이다.

유동규의 공소장 중에서 일부를 인용하면 "결국, 피고인(유동규)은 정민용, 김만배, 남욱, 정영학과 공모하여 화천대유, 천화동인 1~7호에 배당이익 651억 5,000만 원 및 위 5개 블록 시행이익에 따른 액수 불상의 재산상 이익을 취득하게 하고, 피해자 공사에게 동액 상당의 손해를 가하였다"라고 기재되어 있다. 즉, 유동규의 공범 명단에 이재명 시장, 정진상 정책비서관은 없다.

또한 "피고인(유동규)은 민간사업자에 대한 배당이 본격적으로 이루어지기 시작한 이후인 2020. 10. 30.경 성남시 분당구 소재 노래방에서 김만배에게 '그 동안 도와준 대가를 지급하라'는 취지로 요구하였고, 김만배는 '그 동안의 기여를 감안하여 700억 원 정도를 지급하겠다'고 약속하였다"고 기재되어 있다. 즉, 700억 원 뇌물 요구 및 약속은 유동규 본부장이 단독으로 김만배에게 했던 것이다.

이처럼 검찰은 2021. 10.~11.경 대장동 사건 1차 수사에서 이재명 대표, 정진상 실장에 대하여 '혐의없음' 판단을 하였음에도 윤석

1부 이재명 대표의 최일선 방패

열 정권이 들어선 후 수사팀을 전면 개편하여 이재명 대표 죽이기 정치수사에 착수했던 것이다.

대장동 사건의 실체

대장동 사건은 유동규가 김만배, 남욱, 정영학, 정민용 등
투기세력에 매수되어 범죄를 저지른 사건이다.

나중에 법원의 판결을 통해 확정되겠지만, 내가 파악한 대장동 개발사업의 전말은 이렇다.

개발제한구역으로 논, 밭, 임야로 구성된 약 30만 평의 분당구 대장동 일대는 판교신도시와 분당신도시 사이에 위치한 노른자위 땅으로 개발압력이 높은 곳이었다. 개발사업 인허가로 용도가 보전녹지에서 주거 상업지역으로 변경될 경우 평당 2백만 원의 이익이 발생한다고 가정하면 약 6천억 원의 개발이익이 발생하게 된다.

본래 대장동은 LH가 성남시로부터 공공개발을 허가받아 개발을 추진 중이었는데, 이○○ 등 투기세력(이하 1차 투기세력이라고 함)이 LH의 공공개발이 진행 중임에도 부산저축은행 등으로부터 약 1,800억 원을 대출받아 해당지역 토지 대부분(약 80%)을 시세의 3~4배에 이르는 가격으로 매수하고 근저당권을 설정하였다.

2009. 10. 7. 당시 이명박 대통령은 "민간회사와 경쟁할 필요가 없다"고 발언했고, 그에 이어 그 해 국정감사에서 신○○ 당시 한나라당 국회의원이 LH에 사업포기를 압박한 이후 2010. 6. 28. LH가 대장동 개발사업을 갑자기 포기했다. 그리고 2010. 7. 1. 이재명 시장이 취임했다.

이재명 시장은 LH의 공공개발 포기 사실을 알게 된 후 막대한 개발이익을 대장동 투기세력이 모두 취득하는 민간개발 대신 개발이익 상당 부분을 성남시가 환수하는 '성남시 공영개발'을 추진하였다.

당시 한나라당 소속 성남시 수정구 국회의원이던 신○○는 민간개발을 주장하고 있었고, 그의 친동생은 '1차 투기세력'으로부터 뇌물을 받고 LH의 공공개발을 포기하도록 로비를 하였으며 성남시의회 다수당이던 한나라당 소속 성남시의원들은 공영개발을 반

대하여 성남도시개발공사 설립과 공영개발자금 마련을 위한 지방
채 발행을 수차례 부결시켰다.

LH 대장동 사업철회 기점은 이명박 발언 MB-LH사장-국회의원의 순차 압박

(경향신문 2021. 9. 28.)

LH "대장동 사업철회 기점은 이명박 발언"…MB→LH사장→국회의원의
순차 압박

입력 : 2021.09.28 13:10 | 수정 : 2021.09.28 13:23   손구민 기자

쇼핑백에 든 1억 5000만원 뒷돈 선물 주장한 전 국회의원 동생

(경향신문 2016. 3. 8.)

쇼핑백에 든 1억5000만원 '뒷돈' "선물" 주장한 전 국회의원 동생

입력 : 2016.03.08 22:23 | 수정 : 2016.03.08 23:51   박용하 기자

성남시는 시의회의 극렬한 반대에 부딪친데다 부동산경기 불안
에 따른 성남시의 사업위험을 줄일 필요도 있어 민간자본을 활용하
여 대장동 개발사업을 추진하되, 개발이익 환수를 위해 특수목적법
인(SPC)을 통한 민관합동개발을 추진하게 되었고, 대장동 개발사
업을 성남도시개발공사에 위탁하였다.

당초 분당구 대장동 일대의 개발이익을 환수한 후 그 다음에 순

차적으로 약 2,500억 원 가량이 소요되는 성남시 수정구 소재 1공단 부지 약 1만 7천 평을 공원으로 조성하려고 하였으나, 많은 시간과 절차, 비용(배당에 따른 법인세 등)을 절감하기 위해, 마침 당시 새로 만들어진 결합개발제도(하나의 필지가 아닌 원거리의 별도 사업지 여러 개를 모아 하나의 사업으로 개발하는 제도)를 활용하기로 하여 결합개발을 확정했다.

성남시는 대장동 사업비로 1공단 공원화 사업을 완성하고, 추가로 환수할 성남시 몫 개발이익은 비율이 아닌 확정액으로 하되 최대한 환수하고, 금융사 중심으로 민간사업자를 정한다는 원칙을 정했는데 이와 같은 원칙을 정한 이유는 다음과 같았다.

1공단 공원화는 최소한의 조건이었다. 성남시 몫 개발이익을 확정액으로 한 이유는 이익배분을 비율로 정할 경우 시행자가 비용을 과대 계상하는 등 부정한 방법으로 이익규모를 얼마든지 줄일 수 있는데다, 관련 공무원들에 대한 부정거래 시도가 있을 수 있기 때문에 성남시 몫을 사전에 확정하도록 하였다. 금융사 중심으로 민간사업자를 정하도록 한 것은 자금난으로 사업이 좌초되지 않게 하고 재개발 사업 등에서 보는 것처럼 건설사들은 부정부패를 저지르는 경우가 많았기 때문에 이를 막기 위해서였다.

실제로 의왕시 백운밸리 사업의 경우 시행사인 민간사업자의 자금난으로 사업 진행이 중단되어 의왕시와 시민들에게 손해를 끼친 사례가 있었다.

경기도 대형 개발사업 줄줄이 좌초(의왕 백운밸리) (내일신문 2013. 10. 21.)

> **[내일신문]**
>
> **의왕 백운밸리 이행보증금 납부 못해**
>
> **한강 시네폴리스-광교 에콘힐도 난항**
>
> 경기지역 대형 개발사업들이 줄줄이 좌초되고 있다. 수원 광교신도시의 핵심상업시설인 에콘힐과 김포 한강신도시의 '시네폴리스' 조성사업의 협약이 결렬된데 이어 의왕시 역점사업인 '백운지식문화밸리'(이하 백운밸리) 개발사업도 무산될 위기에 처했다.
>
> 21일 의왕도시공사에 따르면 백운밸리 조성사업 우선협상대상자인 누토백운컨소시엄은 '프로젝트금융투자회사'(PFV; Project Financing Vehicle) 설립시한인 지난 18일까지 주주납입금을 내지 못했다. 누토측은 또 17일까지 내야 할 이행보증금 70억원도 납부하지 않았다.

2015. 2.경 성남도시개발공사가 시행한 공모에서 금융사 중심으로 3개 컨소시엄이 응모하였고 이중 1공단 공원화 외에 임대아파트 부지 또는 1,822억 원의 배당을 제시한 하나은행 컨소시엄이 민간사업파트너로 선정되었다. 사업자 공모는 성남도시개발공사가 시행한 것이고 성남시는 구체적으로 관여하지 않았다.

이 공모결과에 따라 도시공사가 50%+1주를, 민간사업자가 50%-1주를 각 출자하여 '성남의 뜰'이라는 자본금 50억 원의 특수

목적법인(SPC)이 설립되었다.

사업자 선정 후 1공단 부지를 주상복합으로 개발하려던 사업자 (신흥프로퍼티)가 결합개발 부지 전부에 대해 무효소송 및 가처분소송을 하는 등으로 법적 불안이 발생하자 사업이 무기한 지연되거나 좌초될 수 있다고 하여 1공단 공원화와 대장동을 분리해 결합개발을 취소하고 1공단 공원화를 대장동 사업에서 제척하였다.

대신 1공단을 공원으로 조성하는 도시계획시설 결정을 하고 그 사업을 대장동 개발사업자(SPC)가 2,561억 원을 지출하여 1공단 공원화 도시계획시설사업을 감당하기로 하였다. 이를 보장하기 위해 합의서를 받는 외에 법률적 안전장치로 부제소특약을 하였으며 제소전 화해까지 마련하였고, 이를 인가조건으로 명시하였다.

그 외에도 920억 원에 상당하는 대장동 인근의 터널공사, 진입로 공사, 배수지 조성을 추가로 하도록 하였고, 1공단 공원 지하에 2백억 원을 사업자가 추가 부담하여 주차장을 건설하기로 하였다.

이로써 성남시는 25억 원을 출자하고서 아무런 위험부담이나 재정부담 없이 5,503억 원(1공단 공원화 2,761억 원 + 임대아파트 부지 1,822억 원 + 서판교 터널공사 등 920억 원)의 개발이익을 환수하였다.

5,503억 원은 이재명 대표의 과거 공직선거법위반 사건에서 대법원 판결에 의해서 공공환수 실적으로 인정된 금액이다(그 외에도 이후 사업관리비 명목으로 280억 원 가량을 추가 부담시키고, 성남시가 지출한 8억 원 가량의 사업타당성 검토용역비용을 부담시켜 총 약 5,800억 원을 환수했다).

이 추가부담에 대해 김만배 등 사업자들은 이재명 시장을 'X같은 놈, 공산당 같은 XX'라고 비난했다고 한다.

1R 돈 이재명 재판 말말말… 성남시가 공산당이냐 (뉴스1 2019. 1. 19.)

> # 1R 돈 이재명 재판 말·말·말.."성남시가 공산당이냐?"
>
> 김평석 기자,유재규 기자 | 입력 2019. 1. 19. 08:01

남욱은 성남시가 공공개발을 추진하다 시의회의 반대에 막혔으면서도 끝내 민관합동개발을 밀어붙여 개발이익을 환수해간 것에 대해 '이재명이 합법적으로 사업권을 빼앗아갔다'고 비난했다.

남욱 "'그분' 이재명은 아냐"…기획 입국 의혹 제기도 (JTBC 2021.10.19.)

> 남 변호사는 오히려 이재명 후보가 공영개발을 추진해 2009년부터 대장동 개발을 추진해 온 자신의 사업을 망가뜨리려 했다고 주장했습니다.

[남욱/변호사 : 아니 합법적인 권한을 이용해서 사업권을 뺏어간 사람이잖아. 내 입장에선. 내가 사업을 할 땐.]

그러면서 변호사 때와 시장 때 말이 달라졌다고도 덧붙입니다.

[남욱/변호사 : 대장동 민간개발 돕겠다고 하더니 갑자기 시장 된 후에 공영개발 하겠다고 해서 그때부터 우리가 맞이 간 거야.]

대장동 사건은 유동규가 김만배, 남욱, 정영학, 정민용 등 투기세력에 매수되어 범죄를 저지른 사건이다. 유동규는 성남시의 의사와 전체적인 사업계획을 알고 있었고, 구체적인 사업추진은 성남도시개발공사가 자체적으로 처리하는 것이므로 이런 점을 악용하여 범죄를 저지른 것이다. 그럼에도 유동규는 이재명 시장, 정진상 정책비서관을 주범으로 만들고 자신을 종범으로 낮추고, 또 죄명의율, 공소사실 축소 등을 통해 형량을 줄일 목적으로 2022. 9. 26.부터 자신이 한 행위를 '모두 정진상 정책비서관에게 보고하였다'는 취지로 진술을 번복하여 검찰에 협조하였다. 그로 인하여 이재명 대표, 정진상 실장이 고초를 겪고 있는 것이다. 이것이 내가 판단한 대장동 사건의 실체다.

정진상 실장은 유동규 본부장과 대질조사를 요구했다

유동규가 정진상 실장 앞에서도
그 진술을 유지할 것을 자신한다면
대질수사를 했어야 함에도
검찰은 대질조사를 해주지 않았다.

대장동 사건에서 정진상 실장의 검찰 수사 단계 변호인들은 나, 조상호 변호사, 김동아 변호사였다. 우리 세 사람은 이재명 대표, 정진상 실장이 무죄라는 확신을 가지고 있었다. 또 이재명 대표에 대한 확실한 지지자였고, 이재명 대표를 지켜야 민주당을 지킬 수 있다는 정치적 인식을 공유했으며, 정진상 실장을 신뢰했다.

정진상 실장은 2022. 11. 15. 서울중앙지방검찰청 반부패1부 김○○ 검사실에서 대장동 사건 관련 조사를 받았다. 내가 조사 참여를 했다. 정진상 실장은 성실히 조사를 받았다. 나는 김동아 변호사와 같이 작성한 235쪽 분량의 변호인 의견서를 제출했다. 검찰이 뭘 조사할지 알 수 없었으나, 압수수색영장에 기재된 범죄사실을 기준으로 반박을 하고 해명하였으며 관련 증거들을 제출하였다.

정진상 실장은 유동규와의 대질조사를 요청했다. 유동규의 진술이 핵심 증거이고 유일한 증거인 사건에서 피의자가 대질수사를 요구하였으므로 유동규가 정진상 실장 앞에서도 그 진술을 유지할 것을 자신한다면 대질수사를 했어야 함에도 검찰은 대질조사를 해주지 않았다.

정진상 실장이 대질조사를 요청한 것은 변호인과 정진상 실장 입장에서도 부담이 되는 일이었다. 만약 대질이 이루어지고 유동규가 정진상 실장 앞에서도 당당하게 진술을 유지하고 그 진술이 신빙성 있게 보인다면 변호인과 정진상 실장 입장에서는 큰 낭패이고, 그 자체로 구속 가능성이 높아지는 위험이 있었다. 그럼에도 불구하고 정진상 실장이 대질조사를 요청하였으나 검찰은 그 요구를 들어주지 않았다. 검찰이 대질조사를 거부한 것은 유동규 진술의 신빙성에 대해 자신이 없다는 반증이라고 할 것이다.

나중에 기소된 이후에 증거기록을 확인해보니 유동규는 2022. 9. 26.부터 검찰에 협조하기 시작했는데, 그 이후에도 진술이 계속 변경된 사실을 확인할 수 있었다. 이처럼 유동규 본부장의 진술이 탄탄하지 못했기 때문에 검찰은 정진상 실장의 대질조사 요구를 들어줄 수 없었던 것이다.

나는 검찰이 적어도 1주일 정도는 변호인의 주장 및 증거에 대하여 보완수사를 할 줄로 예상했다. 그러나 검찰은 소환조사를 한 바로 다음날 오전에 구속영장을 청구했다.

검찰이 정진상 실장의 대질수사 요청, 235쪽 분량의 변호인 의견서를 거들떠보지도 않고 다음날 오전에 곧장 구속영장을 청구했다는 사실은 이미 수사의 방향을 정해놓고 형식적인 절차로 정진상 실장을 조사했을 뿐이라는 것을 의미한다.

변호인들과 정진상 실장이 변호인 의견서를 제출했던 이유는 검찰에게 공정한 수사를 기대할 수는 없었으나 그래도 검찰이 구속영장을 청구하려면 변호인의 주장과 증거를 넘어서야 할 것이고, 그것을 넘어서지 못하면 구속영장 청구가 지연되거나 법원에서 구속영장이 기각될 것을 기대했기 때문이었다.

나는 그래도 검찰이 '공정한 척이라도 하지 않을까'라고 생각하면서 1주일 정도는 보완수사를 하겠지,라고 기대했으나 그 기대는 여지없이 무너졌다.

이로써 나와 정진상 실장은 우리가 검찰수사에 성의를 다하더라도 검찰은 우리 주장을 귓등으로도 듣지 않고 무조건 구속, 무조건 기소라는 방향을 정해두었다는 사실을 확인한 셈이 되었다. 그래서 나는 정진상 실장에게 2022. 11. 15. 첫 소환조사 다음 조사부터는 헌법이 보장한 피의자의 권리인 진술거부권을 행사하도록 조언했고, 정진상 실장은 내 조언대로 진술거부권을 행사했다.

검찰은 마치 정진상 실장, 이재명 대표가 수사에 비협조적인 것처럼 주장하고 있으나, 이는 적반하장이다. 정진상 실장은 단 한 번도 소환에 불응한 사실이 없었고, 대장동 사건에서 첫 소환조사 때에는 진술거부권을 행사하지 않고 성실하게 조사를 받았다. 대장동 수사팀에서는 두 번째 조사 때부터 진술거부권을 행사했지만, 성남 FC수사팀, 대북송금수사팀, 경기남부지방경찰청 조사 때에는 진술거부권을 행사하지 않고 모두 성실하게 진술하였다. 이재명 대표가 검찰 소환에 모두 응하여 조사를 받은 사실은 잘 알려진 일이다.

실상을 모르는 분들 중에서는 떳떳하면 당당하게 진술을 하지 왜 진술거부권을 행사하느냐고 따지기도 하지만, 진술거부권은 헌법이 보장한 피의자의 권리이고, 검찰이 공정하게 수사하고 있다면 진술을 할 수 있지만 막무가내로 무조건 구속, 무조건 기소라는 방향을 정해놓고 있는 검사 앞에서 뭐라도 진술을 하게 되면 피의자 측 논리와 증거만 노출하는 결과를 가져오기 때문에 절대적으로 불리하게 된다. 따라서 이런 상황이라면 세상 어느 변호사도 의뢰인에게 진술거부권을 행사하라고 할 것이다. 이것은 변호의 기초 상식이다.

정진상 실장이 수사기관의 조사에 성실하게 응했고, 대장동 사건 수사 때 첫 소환조사에서 변호인 의견서를 미리 제출하고 성실하게 조사를 받았던 사실은 나중에 정진상 실장의 보석 재판에서 유리한 사정으로 주장되었고, 법원이 정진상 실장을 매우 빨리 보석으로 석방해주는 데 한 요인으로 작용하였을 것으로 보인다.

정진상 구속영장실질심사

변호인이 제출한 의견서는 검찰의 증거기록,
유동규의 진술을 감안하더라도 충분히 설득력이 있었다.

검찰은 2022. 11. 16. 오전에 정진상 실장에 대해 구속영장을 청구했다. 법원은 2022. 11. 18. 오후 2시를 구속영장실질심사 일시로 지정했다. 변호인들이 구속영장실질심사를 준비할 시간은 2일도 채 되지 않았다.

나와 김동아 변호사는 이틀 밤을 꼬박 새웠다. 우리는 448쪽 분량의 변호인 의견서를 작성해서 법원에 제출했다. 통상 구속영장이 청구되면 법원은 2일쯤 후를 실질심사 재판 기일로 정한다. 따라서 변호인이 실질심사를 준비할 수 있는 시간은 대략 2일 정도이다. 검찰이 기소할 때 제출한 증거기록이 40,464쪽이었다. 검찰이 오랜 기간 준비한 증거기록을 소명자료로 제출하는데 반하여 변호인은 2일이라는 짧은 시간 안에 검찰의 주장 및 증거를 설득력 있게 반박해야 한다. 더욱이 변호인은 검찰이 구속영장청구서와 별도로 검사 의견서를 통해 무슨 주장을 하는지, 어떤 증거를 제출했는지 알 수가 없다. 기소가 되면 검찰이 제출한 증거기록을 변호인이 모두 볼 수 있으나 구속영장실질심사 때에는 변호인에게 공개되지 않는다. 따라서 변호인은 검사가 가진 공격무기가 무엇인지를 모른 채 재판을 준비해야 한다. 구속영장실질심사 재판은 구조적으로 변호인에게 절대 불리하다. 무기대등의 원칙*이 지켜지지 않는 기울어진 운동장인 것이다.

실질심사 법정에서, 검찰이 구속영장 범죄사실, 증거, 구속의 필요성을 먼저 진술했고, 변호인이 범죄사실의 소명이 부족하다는 점, 구속사유 및 필요성이 없다는 점을 주장했다. 검찰의 주장, 변호인의 반박, 검찰의 재반박, 변호인의 재재반박 순으로 진행됐다. 재판은 8시간 10분 만에 종료되었다. 박근혜 전 대통령의 구속영장실질심사와 맞먹을 정도로 장시간 공방이 오갔다고 보도됐다.

● 재판에서 원고와 피고는 대등한 위치에 있어야 한다는 원칙이다.

정진상 실장에 대한 본안 재판이 진행되어 내가 검찰이 제출한 증거기록을 보았고, 정진상 실장의 재판에서 유동규에 대한 증인신문이 종료된 현 상황에서 구속영장실질심사 때 제출했던 변호인 의견서를 다시 살펴보았다. 변호인이 제출한 의견서는 검찰의 증거기록, 유동규의 진술을 감안하더라도 충분히 설득력이 있었다.

그러면 왜 법원은 구속영장을 발부했을까? 법원이 구속영장을 발부한 2022. 11. 19.은 법원이 유동규의 진술이 어느 정도 신빙성이 있는지에 대하여 전혀 몰랐을 때였다. 그리고 짧은 시간 안에 검토해야 할 기록은 방대했다. 또한 검찰이 수사를 하기 위해 반드시 구속이 필요하다고 강변했다. 그런 점들이 종합 고려되어 구속영장이 발부되었을 것이다.

나중에 본안 재판에서 유동규에 대한 변호인 반대신문을 통해 유동규의 진술이 신빙성이 없다는 사실이 드러났다. 유동규의 진술은 그가 2022. 9. 26. 검찰에 협조적인 진술을 한 이후에도 일관성 없이 계속해서 바뀌었고, 심지어 법정 증언도 바뀌기 일쑤였다. 이제 법원도 유동규의 진술이 믿기 어렵다는 사실을 알고 있을 것이다. 법원이 짧은 실질심사 시간 안에 40,464쪽이라는 방대한 분량의 증거기록을 모두 검토할 수가 없다. 법원은 증거기록을 꼼꼼히 검토할 시간이 없고, 변호인은 검찰이 제출한 증거가 무엇인지 알 수 없기 때문에 정밀하게 반박할 수 없고, 그런 상태에서 법원이 구속영장을 발부했던 것이다. 그리고 이때만 하더라도 대장동 사건의 실체가 아직 법정에 알려지기 전이었으므로 법원은 검찰에게 수사할 기회를 제공하는 것이 맞다고 판단했을 가능성도 있다. 이런 사정들이 복합적으로 작용하여 법원이 구속영장을 발부했을 것이라고 생각한다. 정진상 실장 입장에서는 억울하기 짝이 없는 노릇이었으나 대한민국의 사법시스템이 가지고 있는 한계이고 현실이니 어쩔 도리가 없다고 생각했다.

그런지 그렇지 않은지 확실하지 않을 때는 불구속 수사가 원칙이고, 피고인의 이익으로 판단해야 한다. 과연 유동규의 말만 가지고 정진상 실장을 구속하는 게 맞았는지 변호인으로서는 동의하기 어렵다. 아쉬운 구속영장실질심사라고 아니할 수 없다. 그러나 법원의 판단은 존중되어야 하는 것이니 어쩌겠는가?

구속적부심사 청구

변호인들은 통상적인 경우에는
기각되는 것이 상례이겠지만 어쩌면
구속적부심이 인용될지도 모르겠다는 기대를 했다.

2022. 11. 23. 정진상 실장에 대한 구속적부심사 재판이 열렸다. 일반적인 사건에서는 구속된 이후에 피해자와 합의가 이루어졌다는 등 뚜렷한 사정변경이 있지 않으면 구속적부심사 청구는 잘 하지 않는다. 구속 이후 사정변경이 없으면 구속적부심사 청구가 받아들여질 가능성이 매우 낮기 때문이다.

변호인들과 정진상 실장은 법원의 구속영장 발부를 도저히 수긍

할 수 없었다. 유동규의 진술뿐인 사건이고, 유동규가 남욱 등 대장
동 일당으로부터 받은 돈을 개인적인 용도에 사용했을 가능성이 높
은데, 정진상 실장이 혐의를 강력히 부인하고 있는 상황에서 유동
규의 진술만 가지고 구속 결정을 하는 것은 납득할 수 없었다.

　구속영장실질심사는 한 명의 판사가 재판을 한다. 그러나 구속적
부심 재판은 합의부가 한다. 그래서 구속영장 발부 여부에 관하여
영장 판사와 견해가 다른 경우에는 사정변경이 없다고 하더라도 구
속적부심이 받아들여지는 경우가 왕왕 있다. 변호인단은 이 사건이
그런 경우에 해당된다고 판단해서 구속적부심 청구를 하기로 했고,
정진상 실장이 변호인단의 의견을 수용했다. 적부심 단계에서 변호
인은 나, 김동아, 조상호 변호사였다.

　구속적부심 재판 때 변호인들의 준비가 구속영장실질심사 때보
다 훨씬 보강되었다. 구속영장실질심사 때에는 검찰이 무슨 증거를
제출했는지 모르는 상태에서 변호인 의견서를 준비했기 때문에 검
찰의 주장과 증거를 충분히 반박할 수 없었다. 그러나 구속적부심
재판 때에는 구속영장실질심사 재판에서 검찰이 제시한 증거를 보
았기 때문에 검찰의 주장과 증거를 훨씬 강력하게 반박할 수 있었
던 것이다.

구속적부심 재판 때 검찰의 주장과 증거는 변호인들에 의해서 충분히 반박되었다. 그래서 변호인들은 통상적인 경우에는 기각되는 것이 상례이겠지만 어쩌면 구속적부심이 인용될지도 모르겠다는 기대를 했다. 결론적으로 기각이 되었지만 6시간에 걸친 구속적부심 재판 때 양측 간 공방, 재판장이 양측에 묻고 대답한 내용 등을 종합할 때 법정 분위기는 분명히 변호인 측에 유리했었다고 확신한다.

구속적부심이 기각된 후 정진상 실장이 검찰에 소환되어 갔을 때 김○○ 검사실 수사관이 구속적부심 재판이 끝나고 검사실 내부 분위기는 6 대 4 정도로 검찰 측이 불리하다고 판단했고, 구속적부심이 인용될 가능성이 있다고 생각되었기에 매우 불안했으나 다행히 법원이 기각해 안도했다고 말해주었다.

이것은 순전한 나의 생각이지만 구속적부심 재판부는 인용을 고민했을 거라고 생각한다. 아니 어쩌면 인용 결정을 했다가 막판에 기각 결정으로 바꿨을 수도 있다고 생각한다. 변호인들이 느끼기에 그만큼 재판 분위기가 좋았다. 기각 결정이 나왔을 때 정말 허탈했다. 법원의 판결을 존중하지만, 법원이 검찰을 의식하지 않았을까 하는 일말의 아쉬움이 들었던 것도 부인할 수 없다.

저는 청렴합니다

2022.11.23. 정진상 실장에 대한 구속적부심사 재판 때 재판장은 예상외의 질문을 정진상 실장에게 했다. 재판장은 "이재명 대표가 피의자를 최측근으로 믿고 챙기는 이유가 무엇인가?"라고 물었다.

변호인인 나로서도 이 질문에 정진상 실장이 뭐라고 대답할지 궁금했다.

정진상 실장은 이렇게 대답했다.

이재명 대표가 왜 저를 믿고 챙기는지 그 이유를 저는 알 수 없습니다. 다만 제가 비서로서 이재명 대표를 위하여 어떻게 일했는지는 말씀드릴 수 있습니다. 첫째, 저는 청렴합니다. 둘째, 저는 행사장에서 이재명 시장 옆에 서본 사실이 없습니다. 저는 행사장을 따라가 이재명 시장 옆에 서 있는 것은 비서로서 도리가 아니고 시간 낭비라고 생각했습니다. 그럴 시간에 제가 할 역할, 일을 해야지 이재명 시장을 따라 다니면서 얼굴을 내미는 것은 옳지 않다고 생각했습니다. 그래서 제 얼굴이 세상에 알려지지 않은 것이지 제가 일부러 얼굴을 숨긴 것이 아닙니다.

정진상 실장이 말한 첫째 이유, 둘째 이유 모두가 놀라웠다. 뇌물을 받은 부정부패사범으로 구속영장이 청구된 피의자가 판사 앞에서 조금도 주저 없이 당당하게 "저는 청렴합니다"라고 말하고 있는 모습에서 나는 변호인으로서 나의 의뢰인에 대해 깊은 신뢰감을 느꼈고 자부심을 느꼈다.

정진상 실장이 대장동 사건과 관련하여 수사대상이 되면서 언론에 보도되었지만 정작 얼굴이 보도된 적이 없다. 그동안 언론에 노출이 안 되었기 때문이다. 그날 재판정에서 정진상 실장의 말에 의하여 왜 언론에 노출이 되지 않았는지 그 이유를 알게 되었다. 비서는 비서의 일을 해야지 이재명 시장과 같은 시간, 같은 공간에 있을 이유가 없었기 때문에 언론에 얼굴이 노출되지 않았던 것이었다.

정진상 실장과 이재명 대표의 관계에 관하여 한 가지 더 떠오르는 일화가 있다. 이재명 대표가 정진상 실장에게 의견을 물었는데 정진상 실장이 이재명 대표의 입맛에 맞는 말을 하면 이재명 대표가 정색을 하고 '정 실장은 이러면 안 되잖아요'라고 말한다는 것이다. 이재명 대표는 다른 모든 사람이 아부성 발언을 하더라도 정진상 실장만큼은 어떤 경우에도 직언을 해줄 것을 기대한다는 것이고, 실제로 정진상 실장은 늘 직언을 해왔다는 것이다.

의무적인 구인장 발부는 위헌이다

비체포 피의자를 구속 전 심문하기 위하여

의무적으로 구인장을 발부하여 피의자의

신체의 자유를 속박하는 것이

헌법에 부합하는지에 대하여 근본적인 검토가 필요한 것이다.

정진상 실장에 대한 구속영장실질심사 재판에 참석하면서 그동안 아무 문제의식 없이 지나쳤던 심문용 구인장 발부가 위헌이라는 생각이 들었다. 이 생각을 머릿속에 두고 계속 검토를 해보았다. 검토하면 할수록 위헌이라는 확신이 들었다. 그래서 본격적인 법리검토에 착수했다.

2022. 12. 18. 정진상 실장은 구속영장실질심사를 받기 위해 나와 함께 서울중앙지방검찰청 김○○ 검사실에 출석했다. 구속영장실질심사를 받을 피의자가 검사실에 출석하면 검사는 법원이 발부한 심문용 구인장을 집행한다. 그러면 이 순간부터 피의자의 신병은 체포상태가 된다. 검사실 수사관은 피의자의 손목에 수갑을 채워서 구속영장실질심사가 열리는 법정으로 데려간다. 그리고 법정 안에서 수갑을 풀어준다.

피의자는 검사실에서 수갑이 채워져서 법정에 이동하여 실질심사를 받고 구속영장 발부 여부가 결정될 때까지 구치소에서 대기하게 되는데, 그 시간 동안 무죄추정을 받는 피의자는 자유가 박탈되고, 사실상 변호인과의 접견도, 가족과의 만남과 연락도 모두 차단된다.

죄가 없는 피의자가 이런 꼴을 당하면 그가 받았을 모멸감이 견딜 수 없을 정도로 클 것이라는 생각이다. 정진상 실장도 그랬을 것이고, 이재명 대표도 그랬을 것이다. 나는 이 두 분이 죄가 없다고 확신했기 때문에 이 두 분이 수갑이 채워져 법정으로 이동하고, 구치소에 수감되는 장면을 떠올리면서 나도 모르게 '분심'이 일었다.

형사소송법 제201조의2 제2항은 이른바 사전구속영장청구가 있을 때 비체포 피의자에 대한 구속영장실질심사에 관한 조항이다.

내가 위헌이라고 주장하는 부분은 비체포 피의자에 대한 구속영장실질심사를 할 때 의무적으로 "구인을 위한 구속영장 발부"를 강제하도록 한 조항이다. 이 조항은 헌법 제10조 인간의 존엄과 가치, 행복추구권, 제12조 신체의 자유, 변호인의 조력을 받을 권리, 제27조 법관에 의한 재판을 받을 권리, 공정한 재판을 받을 권리, 무죄추정의 원칙, 제37조 기본권 침해의 과잉금지원칙에 위반된다.

구 형사소송법 [시행 1997. 1. 1.] [법률 제5054호, 1995. 12. 29., 일부개정]에서, 체포영장, 구속영장실질심사 제도가 처음 도입되었다. 그런데 이 당시에는 판사가 "필요하다고 인정하는 때에 피의자를 심문할 수 있다"고 정하여 필요적 심문이 아니라 임의적 심문이었다.

임의적 심문 방식으로 운영되다가 형사소송법이 개정되어 구 형사소송법 [시행 1997. 12. 13.] [법률 제5435호, 1997. 12. 13., 일부개정]에서는, 법원이 거의 모든 사안에 대하여 피의자심문을 함으로써 민생치안확보 및 범죄수사에 투입되어야 할 수사인력이 피의자심문과 관련하여 사용되는 등의 문제가 발생하고 있으므로 이를 보완·개선해야 한다는 이유로, "구속영장을 청구받은 지방법원판사는 피의자 또는 그 변호인, 법정대리인, 배우자, 직계친족, 형제자매, 호주, 가족이나 동거인 또는 고용주의 신청이 있을 때는 피의자를 심문할 수 있다"로 변경되었다. 즉, 피의자 또는 변호인 등이 신청하는 경우에 한하여 실질심사를 한 것이다.

이처럼 임의적 실질심사 제도에서 신청 시에 한한 실질심사 제도를 거쳐 2008. 1. 1. 시행된 현행 형사소송법 제201조의2 [법률 제8496호]에서 필요적 실질심사 제도가 도입되면서 비체포 피의자에 대한 구속영장실질심사를 할 때 의무적으로 "구인을 위한 구속영장을 발부"하도록 강제한 것이다.

형사소송법 제201조의2 제2항에서 비체포 피의자에 대하여 실질심사를 할 때 의무적으로 구인장을 발부하도록 한 이유는 피의자가 도주할 경우에 대비해서일 것이다. 그러나 실무에서는 구속영장을 신청한 사법경찰관 또는 구속영장을 청구한 검사가 피의자에게 전화로 실질심사를 받기 위해서 출석하라고 통보하면 피의자들은 거의 모두가 순순히 사법경찰관 또는 검사에게 출두하여 구인장을 집행당하고 사법경찰관 또는 검찰수사관에 의하여 구인된 상태에서 실질심사 법정에 출석하고 있다.

수사기관이 피의자의 주거지나 사무실에 찾아가 구인장을 집행하는 경우는 실무에서 존재하지 않는다. 이는 사법경찰관 또는 검사가 피의자가 도주하지 않으리라고 신뢰하기 때문이다. 사법경찰관 또는 검사는 혹여 피의자가 도주하더라도 체포영장을 발부받아 지명수배를 하면 충분하다고 판단하기 때문이다. 수사기관의 이런 실태를 볼 때 실질심사를 위하여 비체포 피의자에 대하여 의무적으로 구인장을 발부하는 것은 수사기관의 필요와 요구를 초과하는 불필요한 기본권 침해라고 아니할 수 없다.

간혹 도주하는 피의자도 있다. 이 경우에 판사는 구속영장 청구를 기각하거나 구속영장을 심문 없이 발부한다. 판사가 구속영장을 기각하면 검사는 체포영장을 청구하여 지명수배 조치를 취하고, 나중에 지명수배에 의해 검거가 되면 체포영장을 집행하고 사후 구속영장을 청구한다.

2007. 6. 1. 현행 형사소송법 제201조의2 제2항이 만들어질 때 입법자들은 실질심사 대상자인 피의자들이 통지를 받으면 도주할 우려가 높다고 판단하여 의무적으로 구인장을 발부하도록 입법하였을 것이다.

그러나 그때로부터 16년여가 지난 지금 시점에서 살펴보면, 실질심사 통지를 받은 거의 모든 피의자들이 도주를 하지 않고 순순히 출석요구에 응하고 있다.

따라서 신체의 자유, 무죄추정의 원칙 등 헌법상 기본권을 최대한 보장하고, 기본권을 제한하더라도 필요최소한에 그쳐야 한다는 점에서 볼 때 비체포 피의자를 구속영장실질심사를 하기 위하여 의무적으로 구인장을 발부하여 피의자의 신체의 자유를 속박하는 것이 헌법에 부합하는지에 대하여 근본적인 검토가 필요한 것이다.

또 하나 중요한 쟁점이 있다. 정진상 실장에 대한 증거기록은 40,464쪽이나 된다. 아마 검찰은 정진상 실장에 대한 구속영장을 청구할 때 이 어마어마한 분량의 증거기록을 영장 담당 판사에게 제출했을 것이다. 검사가 2022. 11. 16. 구속영장을 청구했고, 영장 담당 판사가 2022. 11. 19. 새벽에 구속영장을 발부했다. 영장 담당 판사가 약 2일 만에 그 방대한 증거기록을 모두 검토한 후 구속 여부를 결정한다는 것은 물리적으로 불가능하다. 그러면 영장 담당 판사는 왜 그렇게 급하게 구속 여부를 결정해야만 했을까? 1주일 정도 시간을 가지고 검토할 수 없었을까? 영장 담당 판사가 충분한 시간 동안 검토하지 못한 이유는 정진상 실장이 구금된 상태이기 때문이다. 만약 구금된 상태만 아니라면 얼마든지 충분한 시간을 가지고 검토할 수 있다. 그렇기 때문에 비체포 피의자에 대하여 구속영장실질심사를 할 때 의무적으로 구인장을 발부하여 구금하도록 하는 것은 위헌이라고 생각한다.

나는 2023. 1. 30. 조상호 변호사, 김동아 변호사와 3인 이름으로 서울중앙지방법원 제23 형사부에 2023초기434호로 위헌법률심판 제청신청서를 제출했다.

나는 위헌법률심판제청신청서를 제출하면서 법원이 재판의 전제성을 인정하지 않을 수도 있다고 걱정했었다. '재판의 전제성'이라는 개념은 구체적 소송사건을 해결하기 위한 선결문제로서 인정받아야 한다는 의미이다. '구체적 소송사건을 해결'하기 위해서는 일차적으로 구체적인 사건이 법원에 계속 중이어야 하고, 당해 법률이 위헌인지 여부에 따라 재판 결과에 영향을 미치는 경우이어야 한다는 것이다.

2023. 2. 27. 서울중앙지방법원 제23 형사부는 위헌법률심판제청신청 사건에서 재판의 전제성에 관하여, "신청인은 이 사건 법률조항의 위헌 판단으로 인해 위 구인영장의 효력이 부인될 경우 구인 상태에서 이루어진 영장심문과 이에 기초한 구금영장의 발부도 위법하게 되며, 결과적으로 위법한 구금 상태에서 이루어진 공소제기와 수사기관에서의 진술의 임의성 판단이 판결에 영향을 미칠 수 있다는 취지로도 주장하고 있는 것으로 선해할 수 있는바, 법률

조항이 당해 사건의 재판에 간접 적용되더라도 그 위헌여부에 따라 당해 사건의 재판에 직접 적용되는 법률조항의 위헌여부가 결정되거나 당해 재판의 결과가 좌우되는 경우 등 양 규범 사이에 내적 관련이 인정된다면 재판의 전제성을 인정할 수 있으므로(헌법재판소 2021. 5. 27. 선고 2019헌바332 결정 등 참조), 그와 같은 주장의 범위에서 재판의 전제성이 일응 구비된 것으로 보고 아래와 같이 살펴본다"고 판단하여 재판의 전제성을 인정하였다.

그러나 서울중앙지방법원 제23 형사부는, "영장실질심사제도의 취지 및 관련 규정의 연혁과 현행 형사소송법 제반 규정체계에 기초하여 인정되는 아래 사정을 종합해볼 때, 이 사건 법률조항으로 인하여 법관에 의한 재판을 받을 권리, 공정한 재판을 받을 권리와 무죄추정의 원칙 및 기본권 침해에 있어서의 과잉금지원칙 등이 침해되었다고 보기 어렵다"고 위헌법률심판제청신청을 기각하였다.

나는 법원의 기각 결정 이유를 분석해보았다. 법원의 기각이유를 수긍하기 어려웠다. 여기서 법원의 기각이유와 나의 반박 의견을 전부 소개할 수는 없지만, 그중에서 가장 핵심적인 부분을 소개하면 다음과 같다.

"신청인은 피의자가 구인영장에 의해 구인되어 심문에 임하는 것은 피의자를 심리적으로 위축되게 하는 등 인간의 존엄과 가치, 행복추구권 및 공정한 재판을 받을 권리를 침해한다는 취지의 주장도 하나, 헌법 및 형사소송법의 체계와 영장실질심사제도의 취지, 구인영장의 효력범위 등을 볼 때 받아들이기 어려운 주장이며, 수사단계에서의 도주 및 증거인멸의 우려를 가능한 조속히 차단하고 구속여부 결정을 위한 신속한 심문절차 진행을 위해서 구인영장의 발부가 필요하다고 볼 측면이 없지 아니할 뿐만 아니라, 심문을 마친 피의자를 유치할 근거를 마련하기 위해서도 구인영장의 발부는 불가피한 측면이 있다(신청인은 이에 더하여 구인단계에서 변호인 조력권과 방어권이 충분히 보장되지 아니한다는 취지의 주장도 하고 있으나, 이는 수사단계에서의 정보비대칭이나 구속수사 자체로 인한 방어권제한의 현상을 지적하는 취지로 보일 뿐이고, 이 사건 법률조항의 위헌성 판단에 고려할 사항으로 보기 어렵다)"고 판단하였습니다.

그러나, 당해 사건 법원의 위 판단은 구속여부를 판단하기 위하여 '구속'을 하는 모순에 대한 해명으로는 매우 불충분하고 부당합니다. 피의자에게 자발적으로 구속전 피의자심문에 참여할 기회를 주는 것이 헌법에 합치되는 법률일 것입니다. 당해 사건 법원의 위 판단은 거의 모든 경우에 피의자들이 자발적으로 출석하여 구인영장 집행에 협조하고 있는 현실을 도외시한 판단입니다. "수사단계에서의 도주 및 증거인멸의 우려를 가능한 조속히 차단하고 구속여부 결정을 위한 신속한 심문절차 진행을 위해서 구인영장의 발부가 필요하다"고 판단한 부분은 이 사건 법률조항이 수사편의, 재판편의를 위한 것이라는 점을 인정하는 것인바, 수사편의, 재판편의를 위하여 국민이 구속을 감수해야 한다는 것은 헌법위반임이 명백하다고 하겠습니다.

당해 사건 법원은 "심문을 마친 피의자를 유치할 근거를 마련하기 위해서도 구인영장의 발부는 불가피한 측면이 있다"고 판단하였으나, 헌법적 관점에서 볼 때 판사가 구속전 피의자심문을 마치고 구속영장 발부 여부를 결정할 때까지 기간 동안 피의자를 유치해야 할 이유가 없다고 할 것입니다. 당해 사건 법원의 위 판단은 기본권 보장이 아니라 수사편의, 재판편의를 더 중요하게 보고 있는바, 이는 옳지 못합니다.

나는 2023. 3. 8. 헌법재판소에 이건태, 김칠준, 조지훈, 조세현, 조상호, 김동아 변호사 이름으로 2023헌바65호로 헌법소원을 접수했다. 헌법재판소는 2023. 3. 21. 심판회부결정을 하였다. 헌법재

1부 이재명 대표의 최일선 방패

판소가 각하 결정을 하지 않고 심판회부결정을 했다는 것은 의미가 있다. 현재 이 헌법소원 사건은 헌법재판소에 계류 중이고 아직 기일이 잡히지 않은 상태다.

헌 법 재 판 소

수신자   수신자 참조
(경유)
제목   헌법소원심판회부통지

| 사 건 | 2023헌바65 형사소송법 제201조의2 제2항 위헌소원
(당해소송 : 서울중앙지방법원 2022고합1001) |
| 청 구 인 | 정진상
대리인 법무법인 다산 외 3 |

위 사건이 헌법재판소법 제72조 제4항 전문의 규정에 의하여 재판부의 심판에 회부되었음을 통지합니다.

붙임 청구서 등본 1통. 끝.

만약 헌법재판소가 형사소송법 제201조의2 제2항에 대해 위헌 결정을 한다면, 우리 형사사법 시스템에 혁명적 변화가 일어나게 될 것이다. 비체포 피의자들은 변호인과 자유롭게 소통하면서 실질 심사를 받을 수 있게 된다.

나는 이재명 대표가 국회의 체포동의안 가결에 따라 2023. 9. 26. 심문용 구인장이 집행되어 수갑을 차고 서울구치소까지 이동하여

2023. 9. 23. 새벽에 판사가 구속영장 기각 결정을 할 때까지 일시적이나마 수감되었다는 사실을 떠올리면 형사소송법 제201조의 2 제2항이 더욱더 위헌이라고 확신하게 된다.

작가 유동규

이재명 대표와 정진상 실장의 인연

꿈이 작은 사람은 쉽게 타락할 수 있지만,
꿈이 큰 사람은 타락하지 않는다.
정진상 실장은 꿈이 큰 이재명 대표를
실망시키는 일을 하지 않았다고 한다.

정진상 실장이 구속된 이후 검사들은 하루가 멀다 하고 그를 소환하여 조사했다. 정진상 실장은 진술거부권을 행사했다. 정진상 실장은 윤석열 정권의 검찰에 의해 탄압을 받고 있다고 생각하면서도 검사와 수사관들에게 늘 예의를 갖춰 말했고, 공손한 태도를 유지했다. 그렇지만 부드러운 말과 태도와 달리 입장은 완강했다. 이재명 대표는 죄가 없고, 유동규의 진술은 모두 거짓말이라는 입장은 시종일관 조금도 흐트러진 적이 없었다.

나는 정진상 실장이 구속된 이후에 1주일에 2~3일은 서울구치소로 접견을 갔다. 정진상 실장을 모르는 사람들은 정진상 실장도 유동규처럼 검찰의 회유가 통할 수 있는 사람이라고 생각할 수도 있었을 것이다.

검찰도 그렇게 판단한 것으로 보인다. 검찰은 약점을 잡아 유동규를 굴복시키고, 유동규의 입을 통해 정진상 실장을 구속하고, 정진상 실장을 굴복시켜 이재명 대표를 잡으려고 했다. 검찰은 정진상 실장을 장기간 구속시키면 유동규가 굴복하였듯이 정진상 실장도 결국은 굴복될 거라고 기대했을 것이다.

그러나 이런 판단은 정진상 실장을 몰라도 너무 몰라 나온 착각이다.

정진상 실장은 2006~2010년 제○○○○라는 회사의 대표였다. 노무현 대통령을 지지하는 노사모 회원으로 활동하다가 2005년 무렵 성남에서 시민단체 등 활동과 행사를 통해 이재명 변호사를 알게 되었고, 2006년 지방선거 때 이재명 성남시장 후보자 선거캠프에서 개인적인 친분이 없었지만 순수한 자원봉사자로서 일한 적이 있었다.

정진상 실장은 회사를 다니면서 선거 때만 이재명 후보자를 도와주었다. 2008년 국회의원 선거 때에도 자원봉사자로서 도와주었고, 2010년 지방선거 때에도 자원봉사자로서 도와주었다. 2010년 지방선거에서 이재명 후보가 성남시장에 당선되고 정진상 실장도 성남시 정책비서관(6급)에 임용되면서 이재명 시장과 공직 생활을 같이 하게 되었다.

이재명 대표와 정진상 실장을 정치적으로 반대하는 일부 언론에서 정진상 실장이 이재명 대표가 성남시에서 변호사를 개업할 때부터 사무장을 하였기 때문에 이재명 대표의 복심이라는 허위 기사를 쓰는 바람에 많은 사람이 그렇게 잘못 알고 있다. 그러나 정진상 실장은 변호사 사무실 사무장을 해본 일이 없다. 하다 못해 변호사 사무실에서 아르바이트를 한 일도 없다. 정진상 실장은 천성이 책상에 앉아 기록을 검토하고 서면을 작성할 수 있는 사람이 못 된다.

정진상 실장의 경력에서 알 수 있듯 그는 큰 규모의 사업을 했던 사람도 아니고 재물에 욕심이 있는 사람도 아니다. 노무현 대통령을 열렬히 지지했던 데에서 알 수 있듯이 돈 없고 빽 없는 사람들이 억울한 일을 당하지 않고 잘 사는 세상을 만드는 데 조금이라도 도움이 된다면 기꺼이 헌신하겠다는 마음으로 그런 역할을 해줄 것으로 기대가 되었던 이재명 변호사를 도왔다고 한다.

 정진상 실장이 아는 이재명 대표는 재물을 탐하는 사람이 절대 아니다. 꿈이 작은 사람은 쉽게 타락할 수 있지만, 꿈이 큰 사람은 타락하지 않는다. 정진상 실장은 꿈이 큰 이재명 대표를 실망시키는 일을 하지 않았다고 한다.

 이재명 성남시장 시절에 정진상 정책비서관의 사무실에 대하여 마치 별도의 방이 마련되었던 것처럼 오해하는 사람들이 많다. 그러나 정진상 정책비서관은 다른 비서들과 마찬가지로 다닥다닥 붙은 책상 중에 하나를 사용했다. 대우를 받았다면 가장 안쪽 책상을 사용한 정도였다.

 유동규는 검찰에 협조하기 시작한 이후에 받은 2022. 9. 28.자 검사 피의자신문조서에서 정진상 정책비서관이 자신에게 공무원들과 협조를 잘하라는 취지로 말했고, 정진상 정책비서관은 소통을 하기 위해 공무원들과 술을 자주 마셨다고 진술했다. 유동규 마저도 정진상 정책비서관이 공무원과 소통을 위해 노력했다는 사실을 인정한 것을 볼 때 마치 정진상 정책비서관이 군림한 것처럼 일부 언론에서 보도한 것은 모두 근거 없는 보도들인 것이다.

화병형 수감자

견딜 만합니다.
저는 이재명 대표의 무죄를 위해서라면
100년도 견딜 수 있습니다.
다만, 윤석열의 정치검찰에게 무기력하게
당하고 있는 이 현실이 분하고 억울합니다.

나는 정진상 실장이 구속되어 있을 때 1주일에 2~3회 접견을 갔다. 기록이 워낙 방대하기 때문에 재판준비를 위해서 그 정도는 방문을 해야 했다. 통상 9시 30분 또는 10시 접견을 신청해서 약 2시간 정도 접견을 했다.

주로 사건 얘기를 나누었지만, 인생사, 세상사에 대해 이야기를 했다. 변호인으로서 걱정은 정진상 실장이 수감생활을 잘 견딜 수 있느냐였다. 기소가 되면 보석신청을 최대한 빨리, 그리고 적극적으로 하겠지만 만약 법원이 보석을 받아주지 않으면 구속기간은 1차 구속기간인 6개월을 채우고 또 연장될 수도 있었다. 구속기간이 장기화되면 누구나 견디기 어려운 게 사실이다.

유동규가 허위진술을 해가면서까지 검찰에 협조한 동기도 구속기간 1년을 앞두고 석방이 되느냐 여부의 기로에서 석방이 되기 위해서였을 것으로 판단된다. 유동규가 수감생활을 매우 힘들어했다는 사실은 아래 기사를 보면 알 수 있다.

'대장동' 유동규, 구치소서 극단선택 시도 소동 (동아일보, 2022. 4. 21.)

'대장동 개발 사업 특혜 의혹'으로 구속 수감돼 재판을 받고 있는 전 성남도시개발공사 사장 직무대리 유동규 씨가 20일 구치소에서 극단적 선택을 시도했다고 유 씨 측이 주장했다. 법무부는 이 사실을 즉각 부인했다.

21일 유 씨 측 변호인에 따르면 전날 오전 유 씨는 수감 중인 경기 의왕 서울구치소에서 의식을 잃은 상태로 발견됐다고 한다. 구치소 관계자들은 유 씨를 즉각 응급실로 보냈다. 유 씨는 응급실에서 의식을 되찾았으며 심한 상태는 아니어서 당일 구치소로 돌아온 것으로 알려졌다.

유 씨는 "다량의 수면제를 복용해 극단적인 선택을 시도했다"고 진술한 것으로 전해졌다. 유 씨 측 관계자는 "구치소 안에서 매일 하나씩 처방받은 수면제 50정을 모아뒀다가 한번에 복용한 걸로 안다. 방 안에 가족에게 남기는 유서를 남겼다고 들었다"고 말했다.

구속 장기화는 피고인에게 방어권을 포기하게 만들고 자유로운 진술을 할 기회를 차단하는 '현대판 고문 수단'이라고 할 수 있다. 재판은 헌법의 무죄추정의 원칙에 의해 불구속 수사, 불구속 재판이 원칙이다. 법원은 구속 장기화가 '현대판 고문 수단'이라는 사실을 심각하게 받아들여서 중요하고 복잡하여 장기간 심리할 사건은 특별한 사정이 없는 한 보석으로 석방하고 재판하는 관행을 만들어주었으면 좋겠다. 우리나라의 수사 및 재판 관행은 그동안 인권친화적으로 발전해오기도 했으나 여전히 수사기관의 편의 중심으로 운영되고 있는 것이 현실이다.

나는 정진상 실장에게 힘들지 않느냐고 여러 번 물었다. 그때마다 정진상 실장은 '견딜 만합니다. 저는 이재명 대표의 무죄를 위해서라면 100년도 견딜 수 있습니다. 다만, 윤석열의 정치검찰에게 무기력하게 당하고 있는 이 현실이 분하고 억울합니다'라고 말했다.

정진상 실장처럼 화병형 수감자는 오랫동안 수감생활을 견디기 어렵다. 육체적, 정신적으로 힘들어서 타협하려는 사람과는 분명히 다른 스타일이지만, 억울해서 화병이 날 정도라면 이런 스타일도 마찬가지로 수감생활이 어렵다.
다행히 법원이 정진상 실장에 대해 방어권 보장을 위해 보석 결정을 해줌으로써 나의 걱정은 해결되었다.

검사가 정진상 실장
회유를 시도했다

검찰은 유동규를 굴복시켜 정진상 실장을
구속하고,
정진상 실장을 굴복시켜
이재명 대표를 구속하려고 했다.

정진상 실장이 구속된 이후 검사들은 정진상 실장을 7번 조사했
다. 정진상 실장은 윤석열 정권의 검찰에 의해 탄압을 받고 있다고
생각하면서도 검사들에게 늘 예의를 갖춰서 말했고, 공손한 태도로
일관했다. 그렇지만 공손한 태도와 달리 입장은 완강했다. 이재명
대표는 죄가 없고, 유동규의 진술이 모두 거짓말이라는 입장은 시
종일관 조금도 흐트러진 적이 없었다.

검찰은 유동규를 굴복시켜 정진상 실장을 구속하고, 정진상 실장을 굴복시켜 이재명 대표를 구속하려고 했다. 검찰은 정진상 실장을 구속시키면 유동규가 굴복하였듯이 정진상 실장도 굴복할 거라고 기대했던 모양이다.

검찰이 2022. 12. 9. 정진상 실장을 뇌물수수 2억 4천만 원, 부정처사 후 차명지분 배당이익 428억 원 약속, 위례 아파트 건축 분양사업 관련 부패방지법위반, 증거인멸 등으로 기소했다. 검찰은 기소 전에 정진상 실장이 동요하기를 바랐지만 정진상 실장은 미동도 하지 않았다.

2023. 2. 2. 검찰은 이재명 대표를 본격적으로 수사하기 위하여 그 전 단계로서 정진상 실장을 대장동 관련 이해충돌방지법위반 등 혐의를 조사한다는 명분으로 소환했다.

이날 수사검사는 A○○ 부부장검사였다. 정진상 실장은 09시 48분에 도착하여, 내가 아직 도착하기 전에 수사검사도 아닌 B○○ 부부장검사실에 불려갔다. 나는 09시 55분경 A부부장검사실에 도착했으나 정진상 실장이 B부부장검사실에서 면담하고 있다는 말을 듣고 B부부장검사실에 들어갔다. B부부장검사는 검사 집무실에서 문을 닫고 정진상 실장과 면담 중이었다. 내가 그 방에 들어가자

B부부장검사가 당황스러워하는 기색이 역력했다. 내가 참여한 상태에서 B부부장검사는 정진상 실장에게 "형량이 가벼운 것도 아닌데, 이제 그만 이재명 대표 보호하는 것을 중단하고 본인의 이익을 챙겨야 하지 않느냐"고 회유하였다. 나는 이런 구태의연한 행태를 보고 있노라니 기분이 상했다.

나는 표정을 잘 감추지 못하는 스타일이다. 내 얼굴에서 불쾌한 기색을 느꼈는지 B부부장검사가 '면담도 구두조사의 일환입니다'라고 말했다. 나는 그 말을 듣자마자 '이 면담이 구두조사라면 조서로 남겨달라'고 요구했다. 그러자 B부부장검사는 표정이 변하면서 이만 면담을 종료하겠다고 했다. 그렇게 해서 B부부장검사의 회유는 약 20분 만에 중단되었다.

사회 > 법조

정진상 "조사실서 회유 협박" 주장... 검찰 "악의적 프레임"

양은경 기자
업데이트 2023.02.17. 23:58

(조선일보 2023. 2. 17.)

B부부장검사실을 나오면서 정진상 실장은 내게 'B검사가 어떻게 회유하는지 들어보려고 했는데, 변호사님 때문에 아쉽게 됐다'고 안타까워했다. 정진상 실장의 말을 듣고 보니 검찰의 속내를 좀

더 구체적으로 알 수 있는 절호의 기회였을 수 있었다는 생각이 뒤늦게 들었다. 그러나 나는 부당한 면담조사를 더 이상 지켜볼 수가 없었다.

B부부장뿐만 아니라 다른 검사도 조사에 참여한 변호인이 화장실에 간 틈을 이용하여 정진상 실장에게 "변호사 너무 믿지 마라, 당신만 생각해라. 지금 변호사가 당신에게 도움이 되는지 잘 생각해라. 독방에서 생활하나. 그래서 지금은 괜찮을지 몰라도 형 선고되면 멀리 지방 교도소 가서 강력범들과도 혼방 생활을 할 수 있는데 괜찮겠나"라고 회유하였다고 한다.

나중에 유동규의 검사 피의자신문조서를 검토했더니 유동규도 이런 식의 면담조사를 자주 받았던 것으로 드러났다. 특히, 2022년 10월 14일, 15일, 16일은 평균 8시간씩 피의자신문조서를 작성하지 않는 면담조사를 받았다. 유동규는 이런 식의 면담조사를 통해 검찰에 회유당했던 것으로 보인다.

검찰은 이재명 대표에 대한 본격적인 조사를 앞둔 상황에서 정진상 실장이 구속 이후 미동도 없이 버티자 초조해진 나머지 검사들을 시켜서 회유를 시도했던 것으로 보인다.

그러나 정진상 실장은 유동규와는 차원이 다른 사람이다. 정진상 실장은 세상을 바꾸어보고자 하는 이상과 가치를 추구하는 사람이고, 정진상 실장과 이재명 대표는 가치 공동체이기 때문에 이 두 사람이 동일한 가치를 추구하는 이상 균열이 생길 수 없는 관계다. 검찰이 정진상 실장을 잘못 본 것이다.

정진상 민주당 전 정무조정실장 기소 관련 변호인단 입장문

검찰은 예정대로 2022. 12. 9. 정진상 실장을 특정범죄가중처벌등에관한법률위반(뇌물) 등으로 서울중앙지방법원에 기소했다. 이 사건은 서울중앙지방법원 제23 형사부에 배당되었다. 기소 당일 변호인단은 급히 서둘러 입장문을 발표했다. 다음은 입장문 전문이다. 입장문을 보면, 이 당시 변호인단의 생각이 어떠한지 알 수 있다. 그리고 이 입장문은 아직 공소장을 보지 못했고, 검찰의 증거기록도 보지 못한 상태임에도 불구하고 지금 돌이켜보더라도 공소사실에 대하여 큰 틀에서 정확하게 반박했음을 알 수 있다.

정진상 실장이 기소된 후 변호인단이 보강되었다. 법무법인 다산 김칠준 대표, 조지훈, 조세훈 변호사, 김윤후 변호사가 투입되었다.

정진상 민주당 전 정무조정실장 기소 관련 변호인단 입장문

오늘 서울중앙지검이 정진상 민주당 전 정무조정실장에 대하여 뇌물수수 등으로 기소하였습니다.

변호인단은 아직 공소장을 받아보지 못했습니다. 그러나 검찰의 브리핑이 있었고, 언론에 보도가 되고 있기 때문에 간략하게나마 입장을 밝힙니다.

변호인단은 본안 재판에서의 변론을 고려해야 하기 때문에 충분한 내용을 말씀드릴 수 없다는 점에 관하여 양해를 부탁드립니다.

검찰의 공소사실은 뇌물수수 2억 4천만 원, 부정처사 후 차명지분 배당이익 428억 원 약속, 부패방지법위반 등으로 보입니다.

뇌물수수 2억 4천만 원에 관하여 말씀드리겠습니다.

― 유동규가 얼마든지 밖에서 만나는 사이임에도 굳이 CCTV가 설치된 사무실(더욱이 정 실장의 당시 성남시청 사무실은 별도의

방이 없이 직원들 및 민원인들에 개방되어 있었음), 가족들이 있는 집에 찾아가 돈 준다는 것은 상식에 반합니다.

— 정민용이 검찰에 제출한 자술서에 "2013년 유 전 본부장이 업자들에게 빌린 돈을 갚지 못해 위기에 처하자 남 변호사가 정 회계사, 정〇〇 씨(전 위례자산관리 대주주)와 함께 돈을 마련해 당시 성남시 정자동 유 전 본부장 집으로 직접 3억 원을 들고 가 전달했다"고 기재하였다고 언론에 보도되었고, 정민용의 위 자술서에 그런 기재가 있다는 사실은 구속적부심 재판 때 검찰도 인정하였습니다. 그렇다면 유동규가 남욱 등으로부터 받은 돈을 개인채무 변제에 사용했을 가능성이 높습니다.

— 검찰은 유동규가 시청, 도청에 방문한 증거로 차량운행일지를 제시하였습니다. 그러나 유동규가 성남도시개발공사 본부장, 경기관광공사 사장이었기 때문에 시청, 도청을 방문하였다고 하여 그것이 뇌물을 준 증거가 될 수는 없습니다. 성남도시개발공사와 성남시청은 네이버 지도상 자동차로 1.7㎞에 불과한데 차량운행기록에는 54㎞로 기재되어 있어서 차량운행일지의 신빙성을 인정할 수 없습니다. 더욱이 성남시청과 도청을 방문했다는 날짜에 근무상황부를 보면 유동규가 시청, 도청을 방문했다는 출장기록이 없습니다.

─ 뇌물을 준 청탁의 명목이 공단에서 추진하는 각종 사업 관련, 공사의 위례신도시 개발사업, 대장동 개발사업 관련, 경기 관광공사가 추진하는 각종 사업 관련을 위해서 청탁하였다는 것입니다. 그러나 공무원이 공무를 위해 개인 돈을 마련하여 뇌물을 준다는 것은 상식에 반합니다.

─ 청탁의 명목에 인사청탁도 들어 있습니다. 그러나 유동규가 자신의 인사를 청탁하기 위하여 돈을 주었다면 공사 사장이 되어야 하는데 유동규는 성남도시개발공사 사장이 공석일 때조차도 사장이 되지 못하고 시종일관 본부장이었고, 경기관광공사 사장 때에는 이미 사장이 되었는데 무슨 인사청탁을 했다는 것인지 이해할 수 없습니다.

─ 경기관광공사 사장을 사임하기로 마음먹은 상태였음에도 불구하고 경기관광공사가 추진하는 각종 사업을 위하여 청탁하였다고 합니다. 사임을 결심한 사장이 떠날 조직을 위하여 뇌물을 준다는 것은 상식에 반합니다.

─ 구속영장에 유동규가 경기관광공사 사장에서 퇴임한 후 추진하려던 다시마 액상비료 사업과 관련하여 경기농업기술원에 대한 편의 제공 등의 대가라는 기재도 있습니다. 그러나 검찰은

정민용이 2020. 9. 10.~2020. 12. 9. 남욱으로부터 유원홀딩스의 사업자금 명목으로 받았다는 돈에 관하여 이미 다시마 액상비료 사업을 접었다고 판단하여 정민용을 뇌물로 기소하였습니다. 그렇다면 유동규가 이미 접은 액상 비료사업 청탁을 위해 2020. 10.경 정 실장에게 뇌물을 줬다는 것은 기존 검찰의 수사결론에 배치됩니다.

— 새로 추가한 2013. 4. 뇌물 1억 원은, 유동규가 이 사건 구속영장 전에 진술하지 않았다가 이제 와서 진술한 것이므로 신빙성이 없습니다. 유동규는 뇌물공여자로서 공소시효가 이미 지났기 때문에 허위진술을 하더라도 아무 부담이 없습니다. 정민용이 검찰에 제출한 자술서에 기재한 대로 유동규가 개인채무를 변제하기 위해서 돈을 받았을 가능성이 있습니다.

— 검찰의 공소사실에 따르면, 정 실장이 김만배 등과 결탁이 되어 배당이익 428억 원을 수수하기로 약속이 되었다는 것인데, 공범들 사이에서 범죄수익 이외에 별도로 뇌물을 받았다는 것은 공소사실 자체에서 모순이 있습니다.

부정처사 후 차명지분 배당이익 428억 원 약속에 대하여 말씀드리겠습니다.

— 검찰은 부정처사 후 차명지분 배당이익 428억 원 수수 약속을 기소한 것으로 보입니다. 그러나 검찰은 2021. 11. 1. 천화동인 1호 관련 배당이익 700억 원(세금, 비용 등 공제하면 428억 원) 수수 약속 혐의로 유동규를 기소하였습니다. 따라서 이번 기소는 유동규의 몫이라는 검찰의 기존 결정에 배치됩니다. 검찰은 유동규의 진술에 의존하여 검찰이 모든 증거를 종합하여 내린 기존 결론을 변경하였습니다. 이는 수긍할 수 없습니다.

— 천화동인 1호 관련 배당이익이 유동규의 몫이라는 기존 검찰의 결론은 정영학 녹취록을 통해서도 재차 확인됩니다. 2020. 10. 30.자 이른바 정자동 노래방 녹취록에 "내가 동규한테, 뭐 동규 지분이니까. 700억을 줘. 응? 700억 원을"; "천화동인1이 남들은 다 니꺼로 알아"라고 하여 유동규의 몫이라는 취지로 기재되어 있고, "이거는 2층도 알아서는 안 되고, 그 다음에는 너 말고는, 니 부인도 알아서는 안 되고"라고 하여 유동규가 남욱으로부터 돈을 받은 사실을 2층(정 실장, 이 시장)에게 숨겨야 한다고 말한 것으로 기재되어 있습니다. 김만배, 정영학, 유동규 사이에서 자유롭게 한 대화내용과 명백히 배치되는 유동규의 진술만으로 천화동인1호가 정 실장의 지분이 될 수는 없습니다. 더욱이 김만배는 천화동인 1호가 여전히 자신의 것이라고 주장하고 있습니다.

— 김만배가 타인의 지분 운운은 허언이라고 부인하고 있는 천하동인 1호에 관해 누군가가 지분을 갖는다고 해도 그것은 기존 검찰의 결론과 같이 유동규의 몫일 수는 있더라도 정 실장의 몫은 아닙니다.

부패방지법위반 부분에 대하여 말씀드리겠습니다.

— 검찰은 2022. 9. 22. 유동규를 같은 혐의로 기소했습니다. 정 실장에 대한 공소사실은 유동규가 정진상에게 보고하고 승인받았다고 유동규의 공소사실에 한두 줄만 추가한 빈약한 내용입니다. 증거는 오로지 유동규의 진술뿐입니다.

— 유동규가 정 실장에게 보고하고 승인을 받았다면 정영학 녹취록에 기재되어 있어야 하는데 그런 기재가 없습니다.

증거인멸에 대하여 말씀드리겠습니다.

— 정 실장은 그 당시 유동규가 혹시 자살할지도 모른다는 생각에 "동규야 안 좋은 마음 먹지 마라"고 문자를 보냈고, 걱정이 되어서 전화를 했던 것입니다.

— 2022. 11.경 유동규가 배우자의 증거인멸 사건 재판에서 자신이 배우자에게 기존 휴대전화 파기를 부탁했다고 인정하는

자술서를 제출한 점을 볼 때 유동규 본인이 핸드폰을 창밖으로 버린 것이지 정 실장이 시킨 것이 아니라는 점이 밝혀졌습니다.

유동규, 남욱 진술의 신빙성에 대해 말씀드리겠습니다.

— 유동규의 진술은 상황에 맞춰 수시로 변경된 진술이고, 남욱의 진술은 김만배, 유동규로부터 들었다는 것이어서 직접 경험한 사실이 없는 전언(전문증거)에 불과합니다.

정 실장 및 변호인들은 검찰에 유동규와 대질조사를 요청했으나 검찰은 들어주지 않았습니다. 검찰의 기소는 검찰의 기존 수사결론에 배치되는 수긍할 수 없는 결정입니다. 검찰은 유동규의 바뀐 진술과 남욱 등의 전문진술을 근거로 기소한 것입니다.

정 실장과 변호인들은 본안 재판에서 인권의 최후보루인 법원에 호소하여 무죄 선고를 받겠습니다. 그때까지 검찰의 주장에 경도되지 마시고 재판 결과를 지켜봐주시기 바랍니다.

2022. 12. 9.

정진상의 변호인 변호사 이건태, 조상호, 김동아

건강 잘 챙겨라,
나도 하루에 푸시업을 100개씩 한다

검찰은 정진상 실장의 실체를
잘 몰랐기 때문에 이런 잘못된 상상을
했거나 일부러 허위 주장을 했을 것이다.

검찰은 2023. 2. 16. 이재명 대표에 대해 대장동 개발사업 관련 특정경제범죄가중처벌등에관한법률위반(배임) 등으로 구속영장을 청구했다. 이 구속영장은 국회에서 체포동의안이 부결되어 불발되었다.

그런데 검찰은 구속영장 청구서에 더불어민주당 정성호 의원이 2023. 1. 18. 정진상 실장을 장소 변경 면회를 하는 과정에서 정진상 실장을 회유하였으므로 증거인멸의 우려가 있다고 주장했다.

　검찰은 구속영장 청구서에서 "(정진상, 김용에 대한 진술 회유 시도 정황) 그에 더하여, 최근 피의자의 최측근으로 알려진 모 국회의원이 구속수감 중인 정진상, 김용과 접견 내용이 녹음되지 않는 장소 변경 접견을 신청하여 이들에 대한 회유를 시도한 바도 있습니다. 위 국회의원은 정진상 등에게 '맘 흔들리지 마세요.', '다른 알리바이를 만들지 생각해보세요.', '책임을 좀 분담하게 하고, 당신이나 김용이나 이재명이나 결정적인 증거가 없다고만 하면 이재명이 대통령 되는 거예요. 알겠죠?', '알리바이 만드는 게 중요해'라는 등의 말을 하면서 진술을 회유하고 실체관계를 은폐·왜곡하도록 종용한 정황이 발견되었습니다."라고 적었다.

(동아일보 2023.2.16.)

　그러나 진실은 검찰의 주장과 전혀 다르다. 면회 당시 교도관은 정성호 의원, 정진상 실장으로부터 약 4미터 이상 떨어진 곳에서 대화 내용을 간헐적으로 수기로 적었다. 정성호 의원과 정진상 실장은 아주 작은 목소리로 대화했기 때문에 교도관이 대화 내용을 정확히 들을 수 없었다. 따라서 검찰이 주장하는 내용을 교도관이 정확히 듣고 기재했을 수가 없다.

검찰은 정진상 실장의 실체를 잘 몰랐기 때문에 이런 잘못된 상상을 했거나 일부러 허위 주장을 했을 것이다.

정진상 실장은 이재명 대표의 오랜 정치적 동지다. 정성호 의원도 이재명 대표의 오랜 정치적 동지다. 한 마디로 정성호 의원과 정진상 실장은 정치적 동지로서, 정진상 실장이 구속되어 고초를 겪고 있게 되자 정성호 의원이 격려 차, 위로 차 면회를 간 것이다. 이것이 전부다.

정진상 실장은 정성호 의원이 '입 다물라'고 회유와 겁박을 할 이유가 없는 사람이다. 정진상 실장은 그 누구보다 이재명 대표를 중요하게 여기는 사람이다. 이재명 대표, 정진상 실장 간 관계를 아는 사람이라면 정성호 의원이 정진상 실장을 회유하기 위해 면회를 갔을 거라는 '말도 안 되는' 상상을 할 수가 없다. 검찰도 그런 사실을 잘 알고 있음에도 정성호 의원이 면회 간 것을 이재명 대표를 구속시키기 위해 증거인멸 우려의 사유로 악용하였을 가능성이 높다.

그러면 정성호 의원과 정진상 실장은 어떤 대화를 나눴을까? 정성호 의원은 변호사이기 때문에 자신의 지식과 경험에 따라 정진상 실장에게, '변호사만 믿지 말고 기록을 직접 읽고 변호사에게 얘기를 해줘라.', '알리바이가 뭐가 있는지 곰곰이 생각해봐라', '건강 잘 챙겨라. 나도 하루에 푸시업을 100개씩 한다.' 이런 말을 해줬다고 한다. 이 대화를 마치 정진상 실장을 회유했다고 각색을 하여 이재명 대표의 구속영장 청구서에 증거인멸의 우려가 있다고 악용했던 것이다.

첫 낭보,
정진상 실장 보석 석방

사건의 성격상 정진상 실장을 보석으로
석방하여 방어권을 보장해주는 것이
지극히 당연한 사건이다.

우리 변호인단에게 첫 번째 기쁜 소식은 정진상 실장의 보석 석
방이었다. 정진상 실장, 이재명 대표를 위한 변호인단은 한시도 긴
장을 늦추지 못하고 검찰과 전쟁을 치렀는데, 계속 수세로 몰리고
있다가 정진상 실장 보석 석방 때부터 차츰 공세로 전환되기 시작
했다고 생각한다.

변호인단은 정진상 실장 사건은 유일한 증거인 유동규의 진술이

허위진술이기 때문에 불구속 재판이 당연한 사건이므로 재판 초반에 보석신청을 하고, 보석 결정이 나올 때까지 강력하게, 지속적으로 보석 석방을 재판부에 요청하기로 했다.

법원의 입장에서 볼 때, 검찰이 2021. 10. ~ 11.경 내린 1차 수사 결론은 유동규가 대장동 일당과 결탁이 되어 한 범행이고, 이재명 시장, 정진상 정책비서관은 무관하다는 것이었는데, 정권이 바뀌자 수사결론을 뒤집은 것이므로 검찰의 주장에 대해 의심할 만한 근거가 충분한 사건이고, 증거기록이 40,464쪽으로 방대하고, 양측 간 공방이 치열하게 벌어져 재판기간이 장기간 소요될 사건이다. 따라서 사건의 성격상 정진상 실장을 보석으로 석방하여 방어권을 보장해주는 것이 지극히 당연한 사건이다.

변호인단은 2023. 1. 30. 보석 신청서를 접수했다. 그리고 2023. 4. 21. 법원은 보석 인용 결정을 하였고, 그날 정진상 실장은 석방되었다.

정진상 실장과 같이 서울구치소를 걸어나올 때 정말 기뻤다. 이 사건이 2022. 12. 9. 기소되었고, 1차 구속기간 마감일은 기소 날짜로부터 6개월인 2023. 6. 8.이다. 따라서 2023. 6. 8.을 48일이나 남겨둔 상태에서 보석 결정을 한 것은 일반적인 경우에 비추어볼 때 이례적으로 빠른 결정이라는 언론보도가 이어졌다. 실제로 검찰은 재판부에 구속만기가 한 달 보름 이상 남은 피고인을 보석으로 석방하는 것은 부당하다는 취지로 강력히 반대했었다. 재판부가 신속히 보석 결정을 한 것은 앞에서 살펴본 바와 같이 이 사건의 특성상 피고인의 방어권을 보장해줘야 한다는 원칙에 충실한 결정이라고 생각한다.

21일 오후 보석으로 석방돼 서울구치소를 나서고 있는 정진상 전 민주당 대표실 정무조정실장. 오른쪽은 이건태 변호사. [이미지출처=연합뉴스]

(연합뉴스 2023.4.21.)

2부 작가 유동규

검찰은 병합을 원했다

대장동 사건에서 검찰이 내놓은 증거는
유동규의 진술, 증언이 유일한 증거다.
이 주장에 대해 검찰은 그렇지 않다고 반박할 것이다.

그러나 검찰이 자신들에게 유리한 증거라고 내놓은 서증은 모두 중립적인 증거들뿐이다. 그런 서증을 제외하면 유동규의 진술, 증언이 유일한 증거다.

따라서 유동규의 진술, 증언의 신빙성이 대장동 사건에서 가장 중요하다. 유동규는 2022. 9. 26. 피의자신문조서부터 검찰에 협조하는 진술을 하였다. 2022. 9. 26.자 피의자신문조서를 보면, 유동규 본부장은 심경변화를 일으킨 이유에 대해 "검사님에게 믿음이 가고 실체 진실도 밝히고 싶기 때문입니다. 그것이 최선이라고 생각합니다"라고 기재되어 있다. 유동규는 법정에서 변호인이 '검사님에게 믿음이 간다'는 말이 무슨 뜻인지를 묻자 "사실을 모든 것을 파헤쳐줄 검사, 그리고 진실을 다 드러내줄 검사"라는 믿음이 갔다는 취지로 증언했다.

유동규의 이 말은 설득력이 없다. 2022. 9. 26.은 윤석열 정권이 들어선 지 6개월이 지난 때이다. 검찰이 이미 이재명 대표 죽이기 수사를 할 진용으로 수사팀을 재편한 이후다. 이재명 대표 수사를 막을 외압이 있을 수가 없고, 오히려 '이재명 대표를 잡아라'라고 정반대의 외압이 있을 뿐이다. 따라서 외압에 굴하지 않고 이재명 대표, 정진상 실장에 대해 수사를 해줄 검사라는 믿음이 가서 모든 것을 털어놓았다는 주장은 앞뒤가 안 맞는 진술이다.

나는 2013. 5. 2. 유동규 본부장에 대한 변호인 반대신문을 준비했다. 10일에 걸쳐 모든 일정을 취소하고 정말 소변 보러 갈 시간도 없이 이 작업에 매달렸다. 내 개인을 위한 모든 일을 제쳐두고 유동규에 대한 반대신문사항 작성에 집중했다.

나는 유동규의 검찰 피의자신문조서를 정밀 분석했다. 검사들은 유동규의 진술을 통해서 정진상 실장을 잡고, 정진상 실장을 통해서 이재명 대표를 잡을 계획을 가지고 있었기 때문에 유동규의 피의자신문조서에 모든 증거와 논리를 집어넣을 수밖에 없다. 그러므로 유동규의 피의자신문조서는 곧 검찰의 의도를 종합 정리한 '검찰의 창'이다. 나는 유동규의 피의자신문조서에서 검사가 유동규에게 물었던 신문사항 하나하나에 대응하여 반대신문사항을 만들었다. 기록을 앞으로 갔다가 뒤로 가고 뒤로 갔다가 앞으로 가면서 진술 내용을 확인하는 작업을 병행해야 했기 때문에 작업은 더딜 수밖에 없었다. 유동규가 2022. 9. 26. 검찰에 협조하기 시작한 이후에도 유동규의 진술은 객관적 사실 및 정황, 경험칙에 맞지 않았고 진술이 계속 변경되어 신빙성이 없었다. 유동규의 피의자신문조서를 분석하면서, 정진상 실장에 대한 영장실질심사 때 검사가 구속영장 범죄사실 한 줄 한 줄이 모두 증거에 의해 입증이 된다고 했던 말이 떠올랐다. 이렇게 허접한 유동규의 진술을 가지고 어떻게 그런 소리를 할 수 있는지 검사가 이래도 되나 하는 분노가 일었다. 나는 총 305쪽 분량의 반대신문사항을 작성하여 변호인단에 제출했다. 내가 만든 반대신문사항이 유동규에 대한 반대신문의 토대가 되었다.

유동규에 대한 증인신문은 검찰 주신문이 2023. 4. 11. ~ 5. 2. 총 4회 실시되었고, 변호인 반대신문은 2013. 5. 2. ~ 6. 13. 총 6회 실시되었다. 검찰 주신문에 비해 변호인 반대신문이 더 긴 이유는 검사가 피의자신문조서 등 방대한 양의 증거를 제출했고, 그래서 이를 반박해야 하는 변호인 반대신문이 더 길 수밖에 없기 때문이다. 유동규는 검찰 주신문 때에는 아프다는 소리를 별로 하지 않았는데, 변호인 반대신문 때에는 변호인들의 반대신문에 대답하기 곤란한 상황이 되면 몸이 아프다고 했고, 그때마다 재판은 중단되었다. 유동규가 핑계를 댔을 수도 있고, 변호인 반대신문에 심적으로 힘들어서 정말 아팠을 수도 있을 것이다. 유동규가 정말 아팠는지는 아직도 잘 모르겠다.

이재명 대표, 정진상 실장 사건이 2023. 3. 22. 새로 기소되어 서울중앙지방법원 제33 형사부로 배당되고, 김만배 등 대장동 일당이 재판을 받고 있던 제22 형사부 재판에서 검사가 공소사실을 대폭 늘려서 공소장을 변경하면서 2023년 12월경에는 선고될 수 있을 거라고 본 변호인단의 기대와 다르게 상황이 전개되었다.

제22 형사부가 공소장이 변경되어 재판을 새로 해야 할 정도로 공소사실이 늘어났고, 이재명 대표, 정진상 실장 사건이 새로 기소되었으므로, 이런 상황을 종합하여 사건 재배당을 논의해야 한다고 문제를 제기한 것이다.

이에 따라 제22부, 제23부, 제33부 재판부 간 협의를 통해 제23부에서 하고 있던 정진상 실장 사건을 제33부로 이송하여 제33부에 새로 기소된 이재명 대표, 정진상 실장 사건에 병합하기로 결정하였다.

사건 병합에 대하여 검찰은 찬성 입장이었고, 변호인단은 반대 입장이었다. 변호인단은 제23부 사건과 제33부 사건이 병합될 경우에 재판이 장기화되고, 재판부가 변경되면 변경 후 재판부는 변경 전 재판내용을 기록으로만 보게 되어 공판중심주의에 어긋나므로 제23부 사건은 제23부에서, 제33부 사건은 제33부에서 진행해 달라고 의견을 제출하였으나 받아들여지지 않았다.

법원은 재판부 간 협의를 거쳐 사건을 병합하기로 결정한 이유를 쟁점의 중첩, 증거조사의 중복, 피고인과 증인의 지속적인 법정출석으로 인한 방어권 침해 우려와 피로감 호소 등 문제를 해결하기 위해서였다고 밝혔다. 변호인단은 재판부가 병합 결정을 한 이유를 충분히 이해하며, 재판부의 소송지휘를 존중하고 이견 없이 따를 것이며 충실히 재판을 준비하겠다고 입장을 밝혔다.

새로 기소되어 제33 형사부로 배당된 이재명 대표, 정진상 실장 사건은 증거기록이 20만 쪽이나 되기 때문에 재판 장기화가 불가

피하다. 기존 정진상 실장 사건도 분리해서 진행되었으면 12월쯤 선고가 가능했으나 병합이 되는 바람에 언제 끝날지 하세월이 되었다. 대장동 사건에서 불리한 상황에 처했던 검찰은 재판 장기화를 반기고 있을 것이다.

검사의 불법 면담조사

면담조사를 전후로 유동규의
진술내용이 변경된 사실이 발견되었다.

유동규의 검사 피의자신문조서를 살펴본 결과 검사가 유동규를 상대로 이른바 면담조사를 자주 실시했고, 면담조사를 전후로 유동규의 진술내용이 변경된 사실이 발견되었다.

형사소송법 제244조(피의자신문조서의 작성) 제2항은 "피의자의 진술은 조서에 기재하여야 한다"고 정하고 있고, 제243조(피의자신문과 참여자)는 "검사가 피의자를 신문함에는 검찰청수사관 또는 서기관이나 서기를 참여하게 하여야 하고 사법경찰관이 피의자를 신문함에는 사법경찰관리를 참여하게 하여야 한다"고 정하고 있다.

형사소송법 제244조의4 및 검사와 사법경찰관의 상호협력과 일반적 수사준칙에 관한 규정 제13조 제2항 및 제26조 등에 의할 때, 검사 또는 사법경찰관은 피의자의 변호인의 조력받을 권리를 보장한 상태에서 면담 과정 등 수사 과정을 면밀히 기록하여야 하고, 위 수사준칙 제26조 제2항 제2호 다목에 따르면, 조서를 작성하지 않는 경우 그 이유를 기재하도록 명시하고 있다.

그러나 검사는 피고인 유동규에 대하여 2022. 10. 14.경부터 같은 달 16.경까지 3일간 피의자신문조서를 작성하지 않은 채 약 24시간(1일 평균 약 8시간)*의 장시간 면담조사를 진행하고도, '조서를 작성하지 않은 이유' 등을 기재하지 않는 등 법령 위반의 수사를 강행하였다. 더욱이 위 면담은 피의자의 기본적인 입장을 확인하는 정도에 그친 것이 아니라, 실질적인 피의자신문을 통해 공소사실에 부합하는 진술을 유도하는 과정이었음에도, 조사실도 아닌 검사 집무실 안에서 검찰수사관 등의 참여 없이 조사를 진행한 것으로서 형사소송법 및 동법 시행령인 수사준칙을 명백히 위반하였다고 할

● 2022. 10. 14. 면담조사 시간 7시간 10분.
 2022. 10. 15. 면담조사 시간 9시간 55분.
 2022. 10. 16. 면담조사 시간 6시간.

것이다.

　아래 증인신문은 유동규를 상대로 검사 면담조사의 불법성을 확인하는 내용이다. 유동규의 증언에 의하면 검사는 형사소송법에 위반하여 면담조사를 한 것이다.

【 2023. 5. 2. 제7회 공판기일 증인 유동규에 대한 증인신문 녹취서 】

변호인 이건태
　　증인에게

문　　서울구치소 사실조회 회신을 보면, 증인은 2022. 10. 14. 서울구치소에서 13시에 소환
　　　되어 13:50분부터 21시까지 7시간 10분 동안 면담조사를 받았고, 2022. 10. 15. 10시에
　　　소환되어 10:05분부터 20시까지 9시간 55분 동안 면담조사를 받았고, 2022. 10. 16. 10
　　　시에 소환되어 14시부터 20시까지 6시간 동안 면담조사를 받은 것으로 기재되어 있는
　　　데, 이렇게 면담조사를 받은 것이 맞지요.
답　　조서가 없으면 면담조사 했던 것 같습니다. 조서가 있으면 조서에 사인을 다 하거든요.

문　　면담조사를 받을 때 검사실 내 조사실에서 받았나요, 아니면 검사실 내 집무실에서 조
　　　사를 받았나요.
답　　저는 항상 검사님 컴퓨터 있고 쉬시는….
문　　검찰 수사관과 검찰 실무관이 있는 그 공간에서 조사를 받았습니까, 아니면 안으로 들
　　　어가면 검사님이 계시는 집무실이 있잖아요.
답　　집무실에서.
문　　집무실에서 받았습니까.
답　　예, 항상 조사 받았습니다.

　　유동규가 검찰에 협조를 하기 시작한 2022. 9. 26.자 피의자신문
조서 이후에도 그 진술은 일관성이 없다. 다만, 특기할 만한 것은 유
동규가 2022. 10. 14.경부터 검사와 3일간의 면담을 가진 이후 그
진술이 검사의 공소사실에 부합하는 방향으로 확연히 번복되고 정
돈되었다는 점이다. 면담 과정에서 어떠한 조사가 이루어졌는지 정
확히 알 수 없지만, 적어도 그 과정에서의 조사 내용 등이 피의자신
문조서로 작성되지 않았기 때문에, 유동규가 어떤 진술 과정을 통
해서 최종 진술에 이르게 되었는지를 알 수가 없고, 따라서 유동규
진술의 임의성, 신빙성을 담보할 수 없게 되었음은 명백하다.

　　다음 문답을 보면, 유동규가 2014. 4. ~ 6.경 5천만 원을 정진상 정
책비서관의 청솔마을 계단식 아파트 5층에 계단으로 올라가서 줬

다고 진술했다가, 검사가 청솔마을 아파트는 계단식이 아니라 복도식이라고 알려주고, 아울러 2016년부터 거주한 까치마을 아파트도 5층이라고 알려주자, 2014. 4.~6.경 5천만 원을 준 장소를 아파트 5층에서 1층 현관 앞 부근으로 진술을 변경하고, 아파트 5층까지 걸어서 올라가서 돈을 줬다고 진술한 것을 해명하기 위하여 2019. 여름, 가을경 3천만 원을 까치마을 아파트 5층에 걸어올라가서 줬다고 새롭게 만들어 진술한 것으로 보이는 정황이 드러났다.

검사 피의자는 위 면담 이전 검찰조사에서는 편의점에서 구입한 과자들과 함께 검은 비닐봉지에 5,000만 원을 넣어 정진상의 아파트 5층까지 계단으로 이동한 후 정진상에게 전달하였다고 진술한 사실이 있지요.

유동규 네, 그렇게 진술한 적이 있습니다. 제가 착각을 했었습니다.

검사 이후 면담 과정에서 피의자는 검사로부터 위 청솔마을 아파트가 복도식 아파트라는 설명을 들었지요

유동규 네, 들었습니다. 그래서 제가 착각한 것을 깨달았습니다.

검사 이에 피의자는 정진상에게 돈을 주기 위해 5층까지 올라갔던 아파트는 '복도식이 아닌 엘리베이터 양쪽에 있는 계단식 아파트'라는 취지로 답변한 사실이 있지요

유동규 네, 맞습니다.

검사 이에 검사가 추가로 '정진상은 2016. 1.부터는 분당 구미동에

있는 까치마을에서 거주하였고, 당시 아파트도 5층이었다'는 취지로 설명하였는데, 맞는가요.

유동규 네, 맞습니다.

검사 그러자 피의자는 '정진상에게 2014. 지방선거 무렵 청솔마을 아파트에서 5,000만 원을 교부한 것 외에 까치마을 아파트에 가서 3,000만 원을 추가로 교부한 사실이 있다'는 취지로 정진상에 대한 추가금품 교부 사실을 진술한 사실이 있지요.

유동규 네, 맞습니다.

검사 피의자는 위 면담 이전 검찰조사에서는 편의점에서 구입한 과자들과 함께 검은 비닐봉지에 천만 원을 넣어 정진상의 아파트 5층까지 계단으로 이동한 후 정진상에게 전달하였다고 진술한 사실이 있지요.

유동규 네, 맞습니다.

검사 피의자는 면담 과정에서, 피의자가 2018. 10. 경기관광공사 사장으로 취임한 이후인 2019.경 정진상으로부터 5,000만 원을 달라고 요구를 받고 정진상에게 3,000만 원을 준 사실이 있다고 진술하였는데, 사실대로 진술한 것인가요.

유동규 네, 맞습니다. 정진상이 돈 좀 있냐고 저에게 물어봤었습니다. 제가 얼마냐 필요하냐고 물으니 5,000만 원이라고 이야기를 했습니다. 당시 제가 수중에 1,000만 원밖에 없었기 때문에 지인으로부터 2,000만 원을 빌려서 총 3,000만 원을 갖다줬습니다.

검사   이는 앞서 언급한 것처럼, 검사와의 면담 과정에서 피의자가
       정진상이 살고 있던 계단식 아파트인 까치마을 아파트를 찾
       아가 추가로 금품을 교부한 기억이 떠올랐기 때문이지요.

유동규 네, 처음에는 계단식 아파트에 CCTV를 피하기 위해 엘리베
       이터를 타지 않고 걸어서 돈을 준 것만 생각이 났었는데, 청솔
       마을이 복도식 아파트라는 것을 듣고 이와 관련한 기억들이
       다시 살아났습니다.

　　유동규의 진술은 검찰의 면담조사 이후 '정진상 피고인이 요구
하지 않았다 → 요구했다', '아파트 5층까지 걸어올라가서 줬다 →
아파트 1층 현관 앞 어두운 곳에서 전달했다', '비닐봉지에 넣어 줬
다 → 쇼핑백에 넣어 줬다'로 변경되었고, 종래 '아파트 5층까지 걸
어올라가서 돈을 줬다'고 진술한 내용을 해명하기 위하여 '2019.
9.경 3천만 원을 까치마을 아파트 5층에 걸어올라가서 전달했다'는
새로운 진술을 급조하기에 이르렀다고밖에 볼 수 없다. 이외에도
유동규의 종래 진술이 검찰의 면담조사 이후 급변하는 사례를 곳곳
에서 확인할 수 있었다. 위법한 검찰 면담조사는 유동규의 진술을
경도하여 검사의 공소사실에 부합하도록 만든 주요한 원인이 되었
던 것으로 보인다.

작가 유동규

유동규는 피의자신문조서에서
기존 진술을 완전히 뒤집고 새로운 진술을 한다.

변호인단은 유동규의 진술이 반복적인 검찰 조사를 통해 검사의
공소사실에 수렴되도록 다듬어졌다고 보고 있다.

유동규 진술의 특징은 허위 진술을 할 때 오히려 당시의 정황이
나, 배석자와의 대화 내용, 특정 어휘의 사용 등이 보다 구체적으로
묘사된다는 점이다. 그 대표적인 사례가 2014. 4.경 정진상 정책비
서관에게 전달하였다는 뇌물 5천만 원의 전달 방식과 출처 등에 관
한 진술이다.

2014. 4.경 뇌물 5천만 원과 관련하여 유동규는 당초 2022. 10. 5.자 피의자신문조서에서, '어느 날 저녁 불상의 장소에서 김만배로부터 쇼핑백으로 1억 5천만 원을 받아 같은 날 밤 11시경 5천만 원을 덜어서 차에 두고, 쇼핑백에 1억 원을 담아 김용의 집에 가서 줬고, 차에 있던 5천만 원은 편의점에서 과자를 사면서 받은 비닐봉지 2장에 넣어서 정진상의 집 청솔마을 아파트로 이동하여 계단을 걸어 5층에 가서 정진상에게 줬다. 정진상이 요구하지도 않은 돈을 갖다줬고, 정진상은 "이게 뭔데"라고 말했다'고 마치 영화를 보는 것처럼 상세하게 진술했다.

그러나 유동규는 그로부터 불과 8일 뒤 2022.10.13.자 피의자신문조서에서, '1억 원은 채린이네 주점에서 남욱으로부터 받았고, 5천만 원은 남욱 또는 김만배로부터 받았다'고 진술을 번복했다. 뇌물 사건에서 돈의 출처는 핵심적인 사항인데, 이에 관한 진술을 변경한 것이다.

유동규는 2022. 10. 14.~16. 3일 간 면담조사 이후 2022. 10. 17.자 피의자신문조서에서 기존 진술을 완전히 뒤집고 새로운 진술을 한다. 유동규는 '정진상에게 전화하여 돈이 마련되었다고 말했고, 정진상이 집에 있다고 하여 청솔마을로 찾아가 정진상에게 아래로 내려오라고 하여 현관 부근 어두운 곳에서 5천만 원을 쇼핑백에 넣어서 전달했다'고 핵심 내용을 모두 변경했다. 그런데 변경 후 진술도 마치 영화처럼 구체적이다.

유동규의 진술 변경 내용은, '정진상 실장이 요구하지 않았다 → 요구했다', '아파트 5층까지 걸어올라가서 줬다 → 아파트 1층 현관 앞 어두운 곳에서 줬다.', '비닐봉지에 넣어 줬다 → 쇼핑백에 넣어 줬다.', ' 2019. 여름, 가을경 3천만 원 새로 추가 진술' 등이다.

그런데 유동규는 법정에서 다시 또 진술을 변경했다. 유동규는 법정에서 '1억 원은 남욱으로부터 받았는데 장소가 기억나지 않고, 5천만 원은 대로변에서 김만배로부터 쇼핑백으로 받아서 같은 날 정진상의 집 청솔마을 아파트 현관 앞 부근에서 정진상에게 줬는데 편의점에서 과자를 사면서 구한 검정 비닐봉지에 넣어서 줬는지, 쇼핑백에 넣어 주었는지 확실치 않다'고 진술했다. 돈의 출처가 '남욱 또는 김만배'에서 '김만배'로 변경되었고, 돈을 넣은 용기가 '쇼핑백'에서 '쇼핑백 또는 검정 비닐'로 변경된 것이다.

유동규 진술이 면담조사를 통해 어떻게 변경되었는지는 아이러니하게도 2022. 10. 17.자 피의자신문조서에 그대로 남아 있었다. 왜 검사가 이런 실수를 했는지 모르겠지만 변호인단이 검사의 불법 면담조사의 실상을 알게 된 계기가 되었다.

유동규는 검사 면담조사 이후 2014. 4.경 뇌물 5천만 원과 2019. 9.경 뇌물 3천만 원에 관한 진술이 혼재, 재구성되더니 법정에 이르러서는 종래의 상세한 묘사가 이뤄진 진술을 부인하고, 검찰 면담조사 이후의 번복된 진술이 사실이라고 주장하였다. 변호인이 반대신문과정에서 이와 같은 진술 번복에 대해 추궁하자, 유동규는 답변을 얼버무리다가 재판장으로부터 '이것도 같은 거다 라는 추정적 답변이 아니라 본인이 기억하는 대로 답변하라'고 지적받기도 하였다.

[2023. 5. 2. 제7회 공판기일 증인 유동규에 대한 증인신문 녹취서]

변호인 김칠준
증인에게

문 장소에 관해서 기억에 혼돈이 있다고 하더라도, 10. 5.에 진술에서 좀 특이한 이야기를 했습니다. 쇼핑백에 1억 5,000만 원이 들었는데 차 안에서 5,000만 원을 꺼내놓고 1억 원만 김용에게 갖다 줬다고 진술했습니다. 그리고 차 안에 꺼내두었던 5,000만 원이 있었기에 검은색 비닐봉투에 넣어줬다는 것이 자연스럽거든요. 장소가 착각일 수는 있겠으나 이렇게 생생하게 기억하고 있는 진술이 전혀 아니라고 이야기하는 것은 무슨 이유입니까. 너무 생생해서 묻는 겁니다. 그냥 '1억 5,000만 원 중에 1억은 누구 줬고, 5,000만 원은 누구 줬습니다.' 라고만 했으면 그만인데, 한편의 드라마를 보는 것처럼 1억 5,000만 원에서 1억은 봉투에 남겨놓고 5,000만 원은 현금으로 꺼냈다. 그리고 5,000만 원을 가지고 슈퍼에 가서 검은색 비닐봉투에 과자와 함께 돈을 넣어서 갖다 줬다는 시점과 상관없는 경위에 대해서는 아주 상세하게 영화를 보는 것처럼 묘사를 했거든요. 묘사한 것이 소위 요즘 말로 주작이라고 하죠. 증인이 당시 상황을 믿음직스럽게 하기 위해서 연출한 것입니까. 그냥 희미한 기억 속에 돈을 준 것 같다고 하면 되는데 이렇게 상세하게 차 안에서 1억은 놔두고 5,000만 원만 꺼내고, 주변 슈퍼에 가서 검은색 비닐봉투에 넣어서 주었고, 너무나 드라마틱하잖아요. 이 부분은 어떻게 진술하게 되었는지를 설명해 주셔야 합니다.

대장동의 진실

증인에게

문 저희가 이야기 할 다른 말씀들이 있을 수 있는데, 공소제기 돼서 심리하고 있는 사항
은 딱 정해져 있어요. 거기에 대해서 서로 공방이 이루어지고 증인의 기억을 물어보는
것이기 때문에 다른 이야기들이 있어서 "이것도 같은 거다" 라고는 그렇게 인정되지
않습니다. 질문을 잘 들으시고 거기에 대해서 본인이 기억나시는 걸 답변하시면 좋겠
습니다.

답 판사님 제가 말씀드리는 게, "왜 이거와 이게 자꾸 다르냐" 라고 말씀하실 수 있는데,
그런 부분들은 제가 다른 기억들과 혼재돼서 그렇다는 말씀을 드리는 거지 제가 뭔가
를 갖다가 바꿔서 이야기하거나 하려는 건 아니라는 말씀을 드리는 겁니다.

변호인 조상호

증인에게

문 검찰에서 증인이 말씀하실 때는 방금 법정에서는 5,000만 원의 기억이 너무 생생하다
고 하셨잖아요.

답 예.

문 그런데 검찰에서 모든 거를 다 사실대로 털어놓기로 하고 말씀하시면서 김만배로부터
받은 현금 1억 5,000만 원 받은 사실이 있습니다. 그리고 그때 차에서 쇼핑백으로 건
네받았고 그게 장소는 정확하게 기억나지 않는다고 이렇게 표현하셨어요. 그러니까 1
억 5,000과 5,000을 헷갈렸다는 건가요, 증인의 증언 취지는?

답 제가 말씀드리는 거는 제가 그때….

문 기억이 점점 더 구체화 된 건가요.

답 아니, 구체화 됐다는 게 아니라 대로변에서 김만배 차에 있었고, 그 차 인근에 제 차를
세워놓은 게 기억이 나고요. 거기에 김만배하고 차에서 꺼내서 돈을 줬던 것들이 생생
하게 기억나기 때문에 말씀드리는 겁니다.

문 5,000만 원 부분은 정확히 기억이 안 나고….

답 그게 5,000만 원 부분이라는 겁니다.

문 그러니까 5,000만 원 부분 방금 전에 정확하게 기억이 난다고 했는데, 그거를 1억
5,000만 원으로 착각했다는 건가요. 검찰에서는 1억 5,000이라고 말했어요.

답 '그게 1억 5,000이었나?' 이렇게 생각을 했던 거죠.

문 그리고 아까 말씀하신 것처럼 되게 구체적으로 얘기를 하시는데, 그냥 기억이 안 나시
면 안 난다고 말씀하셔도 될 텐데, 검찰에서. 그런데 구체적으로 생생하게 1억은 놔두
고, 빼고 이렇게 해서 원래 그렇게 말씀을 하실 때 기억이 안 나도 보충해서 막 기억
들을 떠올려서 하시나요.

답 그게 아니고 여러 가지 기억들이 혼재돼 있어서 아까 말씀을 드렸다고 변호사님들한테
말씀을 드렸고 판사님께도 말씀을 드렸습니다. 그러니까 십 몇 년 동안 쌓여왔던 것들
이 여러 가지 있는데 지금 기억을 놓고 보면 평면에 보입니다. 그러니까 그런 것들이
조금 조금씩 과정들이 혼재될 수는 있습니다. 그렇지만 명확하게 말씀을 드리는 부분

> 들은 명확하게 말씀을 드리는데, 가급적이면 최대한 명확하게 말씀드리고, 그렇다고 해서 제가 전부 다 기억 안 납니다, 답변을 안 해야 될 수는 없지 않습니까. 그래서 조각
>
> (중략)
>
> 이라도 기억나는 부분들을 명확한 부분은 가급적 최선을 다해서 말씀을 드리려고 이 자리에 지금 있고 말씀드리는 중인 겁니다.

유동규는 진술 주제를 정하면 그 내용이 사실인 것처럼 보이기 위해 상세한 상황을 설정하고, 이를 마치 한 편의 영화처럼 상당히 디테일하게 묘사하는 모습을 보인다. 그런데 유동규는 그전에 했던 구체적인 진술을 번복하고 새로운 진술을 할 때도 역시 한 편의 영화처럼 디테일하게 묘사한다. 오래 전 일은 구체적으로 기억할 수 없는 것이 상식인데, 유동규는 예외다. 따라서 유동규의 경우에 그 진술이 구체적이고 상세한 묘사가 수반될수록 그 진술이 허위일 가능성이 높아지는 역설적인 특징이 나타난다.

유동규는 영화를 아주 좋아한다고 알려져 있다. 유동규 진술의 이런 특성은 유동규가 영화광이라는 데에서 힌트를 얻을 수 있지 않을까 생각해본다. 나는 그래서 유동규를 '유 작가'라고 부른다.

김철준 변호사는 변호인 의견에서 유동규의 진술을 다음과 같이 총평하였다.

① 유동규로서는 진술을 번복하여 무고한 정진상 실장, 이재명 대표에게 책임을 전가함으로써 자신의 죄를 경감할 수 있는 상황에 있었던 점, ② 검찰의 면담 시점은 유동규의 구속 만료시점(2021. 10. 21.)과 시기적으로 밀접해 있었던 점, ③ 실제로 유동규가 면담 이후 공소사실에 부합하는 방향으로 진술을 번복한 뒤 구속기간 만료로 석방되었던 점, ④ 유동규의 진술 번복 이후 뇌물 공여액 축소, 별건 혐의에 대한 기소 여부가 불분명한 점 등 '봐주기 수사' 의혹이 제기되고 있는 점, ⑤ 유동규가 회유 등에 의하여 궁박한 처지에서 벗어나고자 취한 노력이 충분히 진술에 영향을 미칠 수 있었던 점 등을 함께 고려하면, 유동규의 진술은 신빙성이 없다고 할 수 있다.

나아가, 유동규가 검찰에 협조하기 시작한 2022. 9. 26.자 피의자 신문조서 이후에도 유동규의 진술은 모순된다. 오히려 그 점으로 인해 유동규 진술의 허위성이 더욱 명백히 드러날 뿐만 아니라, '진실을 밝히겠다'는 유동규의 선언이 얼마나 공허한 것인지도 확연하다. 유동규의 증언은 이재명 대표, 정진상 실장의 유죄를 입증하는 증거가 될 수 없다. 오히려 유동규의 모든 진술과 증언의 증명력이 현저히 낮음을 상수로 두고, 백지상태에서 실체를 파악하는 것이야말로 실체적 진실을 규명하는 올바른 방법이다.

정진상 측 "유일한 증거인 유동규 진술, 도저히 못 믿어"

이정원 기자 구독 +   입력 2023.06.16 13:45   수정 2023.06.16 18:44

> 증인신문 종료되자 기자회견 자청
> "검찰이 유동규 회유·협박해" 주장
> 검찰 "유동규 진술, 증거와 일치해"

정진상 전 더불어민주당 대표실 정무조정실장 측 변호인 이건태 변호사 등이 16일 오전 서울 서초구 서울중앙지방법원 앞에서 유동규 증인신문 및 사건 병합에 대한 변호인단의 입장을 밝히고 있다. 뉴스1

(한국일보. 2023. 6. 13.)

드러나는 거짓의 말들

유동규가 뇌물을 줬다는
진술은 법정에서 무너졌다.

검찰이 주장하는, 유동규가 정진상 실장에게 줬다는 뇌물 내역은
아래와 같다.

1. 2013년 2월: 1천만 원, 유동규 → 정진상, 성남시청 사무실

2. 2013년 9월: 1천만 원, 유동규 → 정진상, 성남시청 사무실

3. 2013년 4월: 9천만 원, 남욱 → 유동규 → 정진상, 성남시 유흥주점

4. 2013년 4월: 1천만 원, 남욱 → 유동규 → 정진상, 성남시청 사무실

5. 2014년 2월: 1천만 원, 유동규 → 정진상, 성남시청 사무실

6. 2014년 4월: 5천만 원, 이○○ → 남욱 → 유동규 → 정진상, 분당 청솔마을

7. 2019년 9월: 3천만 원, 유동규 → 정진상, 분당 까치마을

8. 2020년 10월: 3천만 원, 유동규 → 정진상, 경기도청 사무실

앞으로 재판에서 유동규 진술의 신빙성을 더욱더 탄핵하겠지만 현재까지 진행된 재판만으로도 유동규 진술은 신빙성이 없다는 점이 충분히 드러났다.

유동규는 2013. 1.~ 2.경 설 명절에 정진상에게 1천만 원을 줬다고 주장했다. 그러나 변호인들의 반대신문 과정에서 유동규는 '2013. 1.~ 2.경 남욱으로부터 2천만 원을 받아 그중 1천만 원은 정진상에게 주고, 나머지 1천만 원은 김용에게 줬는지 자신이 썼는지 모르겠다'고 증언하였다. 그마저도 '김용에게 준 게 80%, 아닌 게 (주지 않은 게) 20%'라는 납득하기 어려운 답변을 덧붙였다. 뇌물죄의 특성상 경우의 수는 '뇌물을 주었거나, 주지 않았거나'라는 양단의 경우만 있을 뿐, '뇌물을 주었을 수 있다, 준 것 같다'는 추측성 진술(증언)은 상식적으로 납득하기 어렵다. 더욱이 통상 남욱과 정영학의 녹취록에서 유동규에게 뇌물을 지급하면 그 내용이 모두 대화로 기록되었던 것을 감안하면, 남욱이 2013. 1.~ 2.경 유동규에게 2천만 원을 지급하고도 정영학의 녹취록에서 이 부분 기재가 전혀

없다는 점 또한 뇌물 공여 진술이 거짓말임을 충분히 의심케 한다.

【2023. 5. 12. 제9회 공판기일 증인 유동규에 대한 증인신문 녹취서】

변호인 이건태 (피고인 1.을 위한)

증인에게

문 천만 원은 피고인 정진상한테 줬고 나머지 천만 원은,

답 제가 김용 줬는지 아니면 제가 쓰든지 했을 겁니다.

문 증인은 이 부분에 대해서 검찰 진술 단계에서 천만 원은 피고인 정진상을 주고 천만 원은 김용을 줬다고 진술하지 않으셨나요.

답 김용 아니면 제가 썼을 겁니다. 여러 차례, 제가 변호사님 한 가지 말씀을 드리면 진짜 제가 웬만큼 기억나는 거 외에도 돈을 수시로 갖다 줬습니다, 생기면.

문 그러면 그 검찰에서는 김용한테 천만 원 줬다는 부분이 명확하게 기억나지 않음에도 불구하고 천만 원을 줬다고 진술하신 건가요.

답 명확하지는 않지만 천만 원 준 적이 여러 차례 있었기 때문에 그때가 아닐까 싶습니다. 왜냐면 돈이 생겼잖아요, 없던 게. 그리고 명절 가까워졌고 그리고 형들도 계속 돈 달라, 돈 달라 했었고 김용은 특히 돈 달라고 많이 그랬거든요. 그래서 그때 준 것 같아요. 제가 볼 때는 준 게 한 80% 그다음에 아닌 게 한 20% 정도 된다고 그러면 명확치는 않은 거니까 제가 말씀드리기가 좀 어렵다. 이 말씀을 드리는 겁니다. 그러니까 왜냐면 그 당시에 정진상 준 거는 제가 100% 이야기 할 수 있습니다.

뇌물죄의 성립 여부를 판단함에 있어 뇌물 공여 시기, 장소, 공여의 상대방, 공여 방법 등은 구체적으로 특정되어야 한다. 위와 같은 비상식적인 증언에 제23부 재판장 역시 '2013년 설경 김용에게 별도로 1천만 원을 교부했다는 취지로 재판이 진행 중'이라는 점을 상기시키며 직권신문을 통해 재차 확인하였지만, 유동규는 "김용에게 1천만 원을 준 시점이 명확치 않다"고 답변하였다. 이는 비록

단적인 예이지만, 다른 시기 뇌물공여 주장과 관련해서도 유동규가 객관적 합리성을 결여하고, 전후 모순된 주장을 반복한 사정에 비추어볼 때 유독 '정진상에 대해서는 100% 뇌물을 공여하였다'는 주장도 신뢰하기 어렵다고 할 것이다. 바로 이런 경우에는 정진상 실장에 대한 뇌물공여 사실도 인정해서는 안 된다는 것이 대법원 판례의 입장이다(대법원 2009. 1. 15. 선고 2008도8137 판결 등). 당연한 판례라고 하겠다. 김용 부원장에 대한 뇌물공여 진술을 스스로 뒤집었으므로 정진상 실장, 김용 부원장에 대한 뇌물공여 진술 전체의 신빙성이 부정될 수밖에 없는 것이다.

【2023. 5. 12. 제9회 공판기일 증인 유동규에 대한 증인신문 녹취서】

재판장

증인에게

문   지금 2013. 1., 2. 초경에 남욱으로부터 2천만 원을 받았다고 하셨고요. 2천만 원 중에 1천만 원은 정진상 피고인에게 설 떡값 명목으로 줬다는 것이고 나머지 1천만 원을 김용 씨에게 줬는지 안 줬는지는 지금 기억이 명확하지 않다는 겁니까.

답   예. 100%는 기억이 안 납니다.

문   이와 관련해서 2013년 설경에 김용 씨에게 별도로 1천만 원을 교부했다는 취지로 해서 저희 재판부에 별개 사건이 진행되고 있는 것은 알고 계시지요.

답   알고 있습니다.

문   그 부분의 1천만 원이 남욱으로부터 받아서 준 것인지 아니면 줬는지, 아닌지 자체가 지금 명확치 않다는 취지입니까.

답   제가 줬을 거라고는 생각하는데 100% 그것이 그 시점인지가 기억이 조금 명확치는 않다는 말씀드립니다.

유동규는 당초 2013. 2. 4.경 성남시청을 방문하여 정진상 정책비서관에게 1천만 원을 교부하였다는 취지로 진술했으나, 근무상황부를 통해 2013. 2. 4. 유동규가 병가를 냈고, 이날부터 2. 11.까지 휴가를 갔다는 사실이 확인되었다. 또한, ① 2013. 1. 27.자 정영학 녹취록에 의하면, '유동규가 김만배에게 남욱이 전화를 받지 않고 피한다고 하더라'는 취지의 기재, ② 2013. 3. 21.자 녹취록에 '남욱이 유동규를 3. 20. 만날 때까지 피했다'는 취지의 기재도 존재한다. 따라서 2013. 1. ~ 3. 19.까지 유동규와 남욱이 만나지 않았을 개연성이 높으므로 남욱으로부터 돈을 받아 정진상 정책비서관에게 뇌물을 공여하였다는 주장 또한 성립할 수가 없는 것이다.

유동규는 2023. 6. 9. 제11회 공판에서, '2013년 추석 때 준 돈의 액수가 1천만 원이 맞느냐'는 질문에 약 20초간 아무런 대답도 하지 못하였다. 결국 제23부 재판장이 "한참 생각하나 답변하지 못하다"라고 조서를 정리하라고 지시하는 상황이 발생하였다. 나아가 유동규는 '2014년 설 명절 때 정진상 정책비서관에게 준 돈의 액수가 1천만 원이 맞는지, 5백만 원인지'를 묻는 질의에도 '정확히 얼마인지 모르겠다'고 증언하기도 하였다. 따라서 2013년 추석 때 줬다는 1천만 원 뇌물, 2014년 설 때 줬다는 1천만 원 뇌물이 공소유지가 안 되게 되었다.

【2023. 6. 9. 제11회 공판기일 증인 유동규에 대한 증인신문 녹취서】

변호인 조상호(피고인 1.을 위한)

증인에게

문 2013년 추석 1,000만 원 맞나요. 금액이 확실합니까.

답 예, 1,000만 원은 맞을 겁니다.

문 맞을 겁니다가 아니라 기억이 안 나면 안 나는 것이고 지금 저는 생각이 아니고 기억을 물어보는 겁니다.

답 (한참 생각하나 답변하지 못하다)

문 그럼 2014년 설은 금액이 1,000만 원이 정확합니까, 2014년 설.

답 제가 1,000만 원씩….

문 얼마인지는 모르겠다?

답 아니요, 얼마인지 모르는 게 아니라 그 내용에 대해서는 정확하게 기억이 잘 안 납니다.

문 줬는지 안 줬는지도 약간 불분명하다?

답 준 것은 맞습니다.

문 준 것은 맞는데 얼마인지는 잘 모르겠다?

답 아니요, 얼마인지가 아니라 1,000만 원씩 준 것은 몇 차례 있습니다.

문 조금씩이라도 챙겨줬다면서요. 500이든 뭐든 챙겨줬다면서요.

답 예, 그거 챙겨준 것은 계속 챙겼습니다. 해마다 챙겼습니다.

문 그런데 그러면 그게 2014년 설일 때 1,000만 원인지 500만원인지 확실한가요.

답 잘 모르겠습니다.

더욱이, 유동규는 종래 돈의 출처를 남욱이라고 일관되게 진술하였다가 법정에서는 '당시에는 남욱한테 받은 돈이라고 기억했으나, 지금은 기억이 나지 않는다'는 취지로 증언하여, 돈의 출처에 대해서도 명확히 소명하지 못했다. 수사기관에서는 상세한 기억을 바탕으로 일관되고 정돈된 답변을 하던 유동규가 법정에서 증인으로 출석하기만 하면 답변이 궁색한 상황에서 '기억이 나지 않는다'고 모르쇠로 일관하는 모습을 보면, 도무지 그 진술을 신뢰하기가 어렵다.

【2023. 6. 9. 제11회 공판기일 증인 유동규에 대한 증인신문 녹취서】

변호인 김동아(피고인 1.을 위한)

    증인에게

(2022. 10. 13.자 피의자신문조서 제시하고)

문   증인, 검찰에서 수사 받을 당시에 2013년 설 연휴뿐만 아니라 추석연휴까지 1,000만 원을 줬다 했고 그 돈이 모두 남욱으로부터 받은 돈이었다고 명확하게 진술을 하였는데, 지금 이 법정에서 진술이 달라진 것 같은데 혹시 그 이유가 어떤 것인가요.

답   갑자기 기억이 잘 안 납니다.

문   그 당시에는 저렇게 남욱한테 받은 돈이라고 기억했던 것인가요.

답   예, 기억해서 말씀을 드렸을 것입니다. 그런데 지금 기억이 안 납니다.

변호인이 2022. 10. 13.자 피의자신문조서를 제시하며 명확했던 진술이 번복된 경위에 대해 계속 추궁하자, 유동규는 급기야 '돈의 출처는 명확하지 않고, (정진상 피고인과 김용에게 돈을 주었다는 진술도) 가능성 차원에서 말했다'고 증언하기까지 하였다. 실제로 위 피의자신문조서를 살펴보면, 검사가 "위와 같이 피의자가 명절마다 정진상과 김용에게 돈을 주었다면 2014년 설 명절 때도 돈을 주었을 것으로 보이는데, 어떤가요"라고 가정적 상황을 들어 유도신문을 하고, 유동규 역시 "예, 그렇습니다. 그때도 남욱으로부터 받아서 모아놓은 돈이 있었기 때문에 정진상에게 1천만 원 챙겨드렸을 것으로 기억합니다"라고 하여 추측성 답변을 내놓는 모습을 확인할 수 있다. 즉, 유동규의 검찰조사 당시 진술은 자신의 경험이나 기억에 기반한 것이 아니라, 검사의 유도신문과 그에 부합하는 가정적(추정적) 진술로 점철되어 있는 것이다.

[2023. 6. 9. 제11회 공판기일 증인 유동규에 대한 증인신문 녹취서]

변호인 김동아(피고인 1.을 위한)
증인에게
(2022. 10. 13.자 피의자신문조서 제시하고)
문   검사가 "위와 같이 피의자가 명절마다 정진상과 김용에게 돈을 주었다면 2014년 설 명절 때도 돈을 주었을 것으로 보이는데, 어떤가요"라고 묻자 "예, 그렇습니다. 그때도 남욱으로부터 받아서 모아놓은 돈이 있었기 때문에 정진상에게 1,000만 원 챙겨드렸을 것으로 기억합니다."라고 분명하게 진술을 했는데, 어떤가요.
답   그때 받아놓은 돈 모아놓은 것이 1,000만 원으로 갔는지, 그 돈인지 아니면 어떤 돈인지…. 어쨌든 확실하게 제가 1,000만 원씩 준 적은 있습니다. 그런데 명확하게 그 돈이었는지, 아니면 제가 모아놓은 돈을 줬는지 그것은 명확지는 않습니다. 모아놓은 돈 중에 가는 것이기 때문에. 꼭 그 돈으로 이렇게….

변호인 조상호(피고인 1.을 위한)
증인에게
문   가능성 차원에서 말했다는 것이지요.
답   예.

따라서 2013년 설, 추석, 2014년 설에 1천만 원씩 합계 3천만 원을 줬다는 유동규의 진술은 법정에서 무너졌고, 공소유지를 할 수 없는 지경에 놓였다.

2013. 4.경 9천만 원 및 천만 원 합계 1억 원 뇌물 관련한 유동규

의 진술도 신빙성이 없다.

유동규는 '2013. 4. 16. 남욱으로부터 시로코에서 9천만 원을 교부받아 당시 옆방에 대기중이던 정진상에게 전달하였고, 정진상이 나머지 1천만 원을 마저 달라고 요구해서 그 다음날인 4. 17.* 자신의 사무실에서 추가로 1천만 원을 교부받아 같은 날 성남시청에서 정진상에게 마저 전달하였다'고 진술하였다.

그러나 통상 뇌물을 받는 사람이 이미 9천만 원을 지급받고도 1천만 원이 모자라니 더 가져오라고 요구했다는 것은 지나치게 이례적이다. 이에, 변호인은 위와 같은 점을 지적하며 신문을 이어갔고, 유동규는 '원래 3억 원을 이야기했고 정진상한테 주는 1억 같은 경우는 딱 맞춰달라고 이야기했었는데 못 맞춰서 (정진상한테) 욕까지 먹었다'고 답변하였다가, 다시금 '정진상이 직접 "1천만 원을 채워라"라고 요구하였는지' 묻자, 종래 진술을 변경하여 "(정진상이) 1천만 원을 채워달라고 말한 것은 제가 기억이 없습니다"라고 증언하였다.

이처럼, 유동규의 증언은 직전에 한 진술과도 상호 모순되는 경

● 다만, 주신문 당시에는 관용차량 운행일지를 바탕으로, 2013. 4. 18. 성남시청에 방문하였다고 증언하였는바, 유동규의 진술이 수시로 변경됨을 알 수 있다.

2부 작가 유동규

우가 다반사다. 변호인이 위와 같은 의문을 가졌던 이유는 이 부분 공소사실 기재 1억 원이 피고인 정진상에게 공여된 것이 아니라, 유동규가 자신의 개인 채무를 변제하는 데 사용하였을 개연성이 있기 때문이다. 2021. 10. 18.자 남욱의 피의자신문조서 및 같은 달 21. 대질조사 당시 조서에 의하면, 남욱은 "유동규가 그 당시에 다른 사람으로부터 3억 원을 빌렸는데, 그 돈을 갚을 수 있게 3억 원을 해주면 너무 고맙겠다는 말을 해서 주게 되었습니다"라거나, "그때 유동규가 저를 시설관리공단 사무실로 불러서 '친구들한테 3억 원을 빌렸는데, 그 돈을 갚으라고 한다. 그걸 안 갚으면 문제가 될 것 같은데 그 돈을 해줄 수 있느냐'라고 했습니다"라고 진술한 바 있다.

유동규는 이를 부인하였으나, 유동규가 지인들로부터 여러 차례 금원을 대여하여 채무 독촉에 시달렸던 사정은 다른 공판 증인신문 과정을 통해서도 확인된다. 2023. 5. 12.자 제9회 공판기일에서, 유동규는 '철거업자로부터 술값 대납을 받기로 하고 4~6천만 원가량을 빌렸는데, 그 철거업자로부터 9천만 원의 변제를 요구받았고, 나중에 세게 얘기를 하길래, 2012년경 유○○로부터 1억 원을 빌려서 9천만 원을 변제했다'는 취지로 진술하였다. 아울러, 2013. 3. 20.경 유동규는 마이너스 통장 1,800만 원, 신용대출 4,500만 원, 술값 등의 채무가 존재하여 자신의 주거지를 2억 7천만 원에 매도

하여 1억 4천만 원 전셋집으로 이사하고, 남은 돈을 채무변제에 사용했다고 진술하기도 했다.

[2023. 5. 12. 제9회 공판기일 증인 유동규에 대한 증인신문 녹취서]

변호인 이견태(피고인1.을 위한)
증인에게

문 새로운 진술이 나와서 굉장히 의미 있는 진술을 하셨는데 물어보겠습니다. 유██ 본부장으로부터 1억을 빌리셨어요?

답 예.

문 언제쯤 빌리셨어요?

답 정확하게 기억은 잘 안 납니다. 유██ 본부장한테 2012년경에 빌렸던 것으로 기억합니다.

문 그럼 이 돈은 아까 누군가의 다른 채무를 변제하기 위해서 유██ 본부장으로부터 1억을 빌려서 변제했다고 말씀하셨잖아요.

답 예. 4천만 원인가 6천만 원 빌린 적 있습니다.

문 누구한테 빌리셨죠.

답 친구한테 빌렸습니다.

문 친구 이름을 좀 말씀해 주시지요.

답 오래돼 가지고 이름은 잘 기억나지 않습니다.

문 그 친구는 어떤 사업에 종사하는 분인가요.

답 그때 당시에 철거하는 회사였습니다.

문 이 철거업자는 어떻게 아시게 된 사이에요?

답 사회에서 그냥 만났습니다. 만나게 됐는데 그 당시에 제가 술값 때문에 좀 고민을 털어놓으니까 본인이 대납해 주겠다고 하면서 성남에 있는 철거 나오는 거 있으면 좀 달라 요청을 했고 제가 정진상한테 그 철거를 좀 해 줄 수 있나 그랬더니 해 줄 수 있다. 약속을 했었습니다. 그 친구가 그래가지고 술값을 대납을 해 주었는데 정진상이 나중에 그 약속을 어겼습니다. 그리고 난 다음에 그 친구가 9천만 원인가를 요구했습니다. 그래 가지고 9천만 원을 요구해 가지고 그때 1억을 빌려가지고 그걸 변제를 했었습니다.

유동규는 마이너스 통장 1,800만 원, 신용대출 4,500만 원의 채무가 2021.경 자신의 최종 채무액이라고 주장하였으나 변호인이 2022. 10. 3.자 피의자신문조서상 진술을 제시하여 반박하고, 재판장도 위 피의자신문조서 기재 내용과 법정 증언의 모순을 지적하였다. 아울러, 검사도 위 피의자신문조서에서 2013. 3. 20.자 녹취록을 기준으로 하여 신문하고, 유동규는 "네, 제가 남욱에게 돈을 달라고 요구한 것 맞습니다. 그리고 당시 제가 마이너스 통장 1,800만 원, 신용대출 4,500만 원 정도 있어서 전액은 아니더라도 일부를 변제하기 위해 돈이 필요했습니다"라고 진술하였다.

【2023. 5. 12. 제9회 공판기일 증인 유동규에 대한 증인신문 녹취서】

재판장
　　증인에게

문　　잠시만요. 지금 피신조서에 기초해서 물어보시는 거하고 나온 답변하고 약간 불합치가 있는데요, 금액이나 시점이. 일단은 지금 2020. 10. 3.자 처음에 변호인 물어보실 때 전제로 한 게 2013. 3. 20. 남욱에게 처음 3억 원을 달라고 요구할 때 돈을 받아서 변제하기 위해서 필요했는데 그게 마이너스 통장 1,800, 신용대출 4,500이라는 이야기를 한 걸로 되어 있는데 그다음에 쭉 나온 진술들이 이거랑 안 맞는 내용들이 있어서요. 명확히 어떤 관계인지,

답　　제가 말씀을 드리면 저거는 마지막 최종 2011년도의, 2021년도의 채무상황을 말씀드린 거고요. 2021년 그때 잡혀왔을 때 그때 통장 내역을 보면 저 정도의 채무가 있었다는 말씀을 드린 겁니다.

문　　1,800만 원, 4,500만 원이요?

답　　예. 마지막 채무입니다, 저게.

변호인 이건태(피고인1.을 위한)
증인에게

문　그건 나중 이야기고요. 제가 물어보고 있는 건 검찰 조서를 기준으로 물어보고 있는
　　겁니다. 검찰 조서에서 검사님이 2013. 3. 20. 녹취록 파일을 기준으로 물어보거든요.
　　그러니까 증인이 '네 제가 남욱에게 돈을 달라고 요구한 것 맞습니다. 그리고 당시 제
　　가 마이너스 통장 1,800만 원, 신용대출 4,500만 원 정도 있어서 전액은 아니더라도 일
　　부를 변제하기 위해 돈이 필요했습니다.' 이렇게 되어 있습니다.
답　그 당시만 해도 다른 사람들에 대해서 이야기하고 싶지 않아서 이야기했는지 잘 모르
　　겠습니다만 다 저 내용은 당시의 대출상황은 아닌 것 같습니다.
문　그러면 이 진술이, 검찰에서 한 이 진술이 잘못된 진술이라는 말씀이네요.
답　일부 잘못된 부분 오류가 있는 것 같습니다.

문　그러면 다시 한 번 묻겠습니다. 2013. 3. 20.경 이 대화 녹취록을 나와 있는 대화를 할
　　무렵인 2013. 3. 20. 3억을 요구할 때 이 당시 증인의 은행권 채무와 금융권 채무하고
　　개인 채무는 얼마나 있었습니까.
답　그 당시에는 윤■■으로부터 돈도 빌리지 않았고요. 그다음에 독촉 받는 것도 크게 없
　　었고 대출도 제가 못 갚을 정도의 대출도 있지는 않았습니다.
문　그러면 결국 돈이 채무가 없었다는 이야기인데 어떻게 제가 마이너스 통장 1,800만
　　원, 신용대출 4,500만 원 정도 있어서,
답　정확하게 잘 모르겠습니다. 어쨌든 금융권 대출이 조금은 있었던 걸로 알고 있습니다.
　　나머지 크게 무슨 대출이 많거나 그러지는 않았던 것으로 기억합니다.

　　요컨대, 이 부분 공소사실과 밀접한 시점(2013. 4.경) 유동규가 상
당한 개인 채무로 인해 채권자들로부터 매우 심한 변제 독촉을 받
았음이 넉넉히 추단된다고 할 것이고, 나아가 남욱으로부터 시로
코에서 2013. 4. 16.경 교부받은 9천만 원, 공단 사무실에서 교부받
은 1천만 원 모두 위 개인 채무의 변제를 위해 사용되었을 개연성이
존재한다. 그렇다면, 이 부분 공소사실 역시 합리적인 의심의 여지
없이 피고인 정진상의 뇌물수수 혐의가 입증되었다고 볼 수 없다.

2014. 4.경 5천만 원 및 2019. 9.경 3천만 원을 뇌물로 줬다는 유동규의 진술은 신빙성이 없다. 이 부분 공소사실이야말로, 유동규의 진술이 검찰 면담조사에 의해 오염·경도되었다고 의심할 만한 대표적 사례다. 유동규가 당초 거짓으로 진술한 진술의 모순점을 검찰로부터 지적받고, 이를 보완하기 위하여 진술을 번복한 내용 및 위 진술 번복의 정당성을 확보하고자 새로운 뇌물수수 혐의를 추가 진술한 것으로 보이는 정황에 대해 살펴본다.

유동규는 2022. 10. 5. 검찰조사 당시, "어느 날인지 명확하지는 않지만 저녁 무렵 김만배로부터 현금 1억 5천만 원을 받은 사실이 있습니다. 당시 김만배가 차를 이용해서 현금 1억 5천만 원을 직접 가지고 왔고, 김만배를 만난 장소는 기억이 나지 않습니다. 1억 5천만 원은 쇼핑백에 담겨 있었던 것으로 기억합니다. 당시 김용이 밤 11시쯤 집에 들어온다고 해서, 김만배로부터 받은 현금 중 1억 원을 김용집(이매동 삼성아파트) 앞 주차장에서 김용에게 전달하였습니다. 당시 1억 5천만 원 중 5천만 원은 빼서 차에 두고 쇼핑백에는 현금 1억 원만 넣어두었습니다. 모두 5만 원권이었습니다. 김용에게 돈을 전달하니 고맙다고 하면서 돈을 받았습니다. 그리고 정진상 집이 있는 금곡동 청솔마을로 이동하면서 편의점에서 과자를 현금으로 사면서 검은 비닐봉투 2장을 받아 봉투가 찢어지지 않게 2장을 겹친 다음 5천만 원을 놓고 그 위에 과자를 올린 후 정진상에게 전달하였습니다"라고 진술하였다.

아울러, 유동규는 2022. 10. 6.에도, "김만배를 통해 받은 1억 5천만 원 중에서 1억 원을 김용에게 교부했습니다"(19441), "제가 김만배로부터 받은 5천만 원을 정진상 실장에게 갖다줬고"(19442)라고 동일한 취지의 진술을 하였다.

이처럼 2022. 10. 5., 10. 6., 2일에 걸쳐서 김만배로부터 1억 5천만 원을 받았다고 확실하게 진술하였음에도, 유동규는 2022. 10. 13.자 피의자신문조서에서 진술을 번복하여, 검사가 "피의자는 1억 5천만 원을 누구로부터 받았나요"라고 묻자, "제가 지난 조사에서는 김만배로부터 받았다고 말씀드렸는데, 가만히 생각해보니 남욱으로부터도 1억 원 정도를 받은 것 같습니다. 나머지 5천만 원은 남욱 또는 김만배로부터 받은 것 같습니다"라고 진술을 번복하였다.

이어지는 조서의 내용을 살펴보면, 검사는 "남욱은 위 채린이네 주점에서 피의자에게 1억 원을 건네주었다고 하는데 어떤가요"라고 묻자 유동규가 "제가 2014. 6. 선거기간 동안 채린이네 주점에서 남욱으로부터 1억 원을 받은 기억이 있습니다"라고 대답하였는바, 이 또한 검찰에 의해 남욱 등 관련자의 진술을 전달받고 그에 맞춰 종래 진술을 번복한 것으로 보인다.

그 후 유동규는 2022. 10. 14.경부터 10. 16.경까지 3일간 약 24시간의 법령위반의 면담조사를 받았다. 다음날 이어진 2022. 10. 17.자 피의자신문에서, 유동규는 검사가 "피의자는 2022. 10. 14.부터 같은 달 16.까지 검사실에 출석하여 피의자가 위례신도시 개발사업 관련하여 남욱 등으로부터 금품을 제공받아 이를 정진상 등에게 교부한 사실에 대해 검사와 면담을 진행한 사실이 있지요"라고 묻자 "네, 있습니다"라고 진술하였다. 즉, 2022. 10. 17.자 피의자신문조서는 이미 검사가 2022. 10. 14. ~ 16. 면담조사에서 실질적인 조사를 마치고 그 내용을 단순히 조서화하는 작업을 거친 것으로 의심케 한다.

실제로, 유동규는 검사와 3일간 면담을 거친 후 작성된 위 10. 17.자 피의자신문조서에서 진술을 다시금 번복하였다. 구체적으로, "피의자는 어떤 방법으로 위 5천만 원을 정진상에게 전달하였나요"라는 검사의 질문에, 유동규는 "제가 정진상에게 전화를 하여 돈이 마련되었다는 것을 이야기했고, 당시 정진상이 집에 있다고 하여 청솔마을로 찾아가 정진상에게 아래로 내려오시라고 하여 전달하였습니다"라고 진술하고, 이어서 검사가 "피의자는 지난 면담 과정에서 위 5천만 원을 정진상에게 전달한 장소와 관련하여, 늦은 밤에 정진상이 살고 있는 '청솔마을 아파트 1층 현관' 부근에서 전달하였다고 진술하였는데, 맞는가요"라고 묻자 "네 현관 앞에 내려오면 주차장이 있잖아요. 현관 나와서 왼쪽으로 가면 좀 어두운 곳이 있었는데 거기에서 전달했었습니다"라고 진술하였으며, 또한, 검사가 "그리고 피의자는 남욱, 김만배로부터 받은 '현금 5천만 원이 들어 있는 쇼핑백을' 그대로 정진상에게 전달하였다고 진술하였는데, 사실대로 진술한 것인가요"라고 묻자 "네 맞습니다"라고 진술하여, 면담 과정에서 검사와 나눈 내용을 기계적으로 확인해주는 모습을 보였다.

위 내용을 다시 정리하면, 검사와 면담 후에 이 부분 공소사실과 관련한 유동규의 진술은 ①'피고인 정진상이 요구하지 않았다'에서 '요구했다'로, ②뇌물공여 장소가 '아파트 5층 피고인 정진상의 주거지'에서 '아파트 1층 현관 앞'으로, ③공여 방법은 '편의점 비닐봉지에 넣어서 줬다'에서 '쇼핑백에 들어 있는 상태로 줬다'로 재차 변경되었던 것이다.

한편, 위 일자의 조서를 보면, 유동규가 검사의 설명을 들은 후 위와 같이 진술을 번복하고, 2019. 9.경 3천만 원 추가 뇌물공여 진술을 추가한 사실을 알 수 있다. 이는 면담 과정을 통해 유동규의 진술을 이 사건 공소사실에 부합하도록 번복케 한 검찰이 그 번복 경위를 자연스레 설명하기 위해 새로운 혐의 사실을 진술토록 유도하였다는 합리적 의심을 품게 한다.

당시 검사가 "피의자는 위 면담 이전 검찰조사에서는 편의점에서 구입한 과자들과 함께 검은 비닐봉지에 5천만 원을 넣어 정진상의 아파트 5층까지 계단으로 이동한 후 정진상에게 전달하였다고 진술한 사실이 있지요"라고 묻자, 유동규는 "네, 그렇게 진술한 적이 있습니다. 제가 착각을 했었습니다"라고 진술했다. 이어서 검사가 "이후 면담 과정에서 피의자는 검사로부터 위 청솔마을 아파트가 복도식 아파트라는 설명을 들었지요"라고 묻자 "네 들었습니다. 그래서 제가 착각한 것을 깨달았습니다"라고 답변하였다.

그 후 "'정진상은 2016. 1.부터는 분당 구미동에 있는 까치마을에서 거주하였고, 당시 아파트도 5층이었다'는 취지로 설명하였는데, 맞는가요"라는 검사의 질문에, 유동규는 "네, 맞습니다"라고 대답하고, 이어 검사가 "그러자 피의자는 '정진상에게 2014. 지방선거무렵 청솔마을 아파트에서 5천만 원을 교부한 것 외에 까치마을 아파트에 가서 3천만 원을 추가로 교부한 사실이 있다'는 취지로 정진상에 대한 추가 금품 교부 사실을 진술한 사실이 있지요"라고 묻자 "네 맞습니다"라고 새로운 혐의사실에 대해 추가로 진술하였던 것이다.

위 과정에서 유동규는 "네, 처음에는 계단식 아파트에 CCTV를 피하기 위해 엘리베이터를 타지 않고 걸어올라가서 돈을 준 것만 생각이 났었는데, 청술마을이 복도식 아파트라는 것을 듣고 이와 관련한 기억들이 다시 살아났습니다"라고 답변하였는바, 위 진술이 검사에 의해 유도되었을 가능성을 배제할 수 없다. 이는 앞서 말씀드린 대로 유동규가 종래 '아파트 5층까지 걸어서 올라가서 집에서 줬다고 구체적으로 진술'한 것에 대한 해명을 해야 했기 때문에, 이와는 전혀 무관한 2019. 윤○○에게 2천만 원을 빌려서 개인적으로 사용한 일을 이용하여 정진상 정책비서관에 대한 새로운 범죄사실을 생성해내었다고 봄이 상당하다.

반대신문 과정에서 위 진술의 진위 여부에 대한 질의를 받은 유동규는 변호인에게 '3주 전 저녁으로 무엇을 먹었느냐'고 되려 반문하며 당황한 기색을 보이더니, 정진상 실장의 이름을 큰 소리로 호명하는 등 흥분한 모습을 보였다. 유동규의 진술은 '오래 전 일이라 기억이 명확치 않다'는 것으로 선해해볼 수 있다. 그러나 ① 2014. 4.과 2019. 9. 간에는 무려 5년 5개월의 시간적 간극과 계절성의 차이가 존재하고, ② 각 공여액은 5천만 원과 3천만 원으로 이를 혼동한다는 것은 이례적이며, ③ 2014. 4.경 5천만 원의 경우 당시 이재명의 시장 재선을 위한 선거자금 명목이었다고 주장하므로, 2019. 9.경 정진상 정책비서관으로부터 요구를 받고 마련한 일반 뇌물과는 그 목적이 상이하고, ④ 민간사업자 김만배 또는 남욱으로부터 받은 돈과 지인에게 빌린 돈을 혼동한다는 것도 쉬이 납득하기 어렵다. 유동규 스스로도 이러한 의문을 불식시키기 어렵다고 판단하였기 때문에 반대신문 과정에서도 충분한 해명을 하지 못했던 것이다.

아울러, 유동규가 처음 2014. 4.경 5천만 원 뇌물공여 과정을 상세하고 생동감 있게 진술하였다가 검찰 면담조사 이후 진술을 번복하는 과정을 통해 유동규가 자신의 진술에 신빙성을 더하기 위해 보다 과장되고 디테일한 묘사를 습관적으로 반복한다는 점을 확인할 수 있다.

한편, 이 부분 공소사실을 탄핵할 또 다른 정황증거도 존재한다. 이재명 시장 선거캠프는 2014. 5.경 선대위원장 이상락 명의로, '대장동도시개발사업 추진위원회가 선정한 시행사가 컨설팅 용역업체 D연구원과 21억 5천만 원의 용역 계약을 체결했고, 이 중 13억 원을 집행했으며, 시행사 대표는 로비자금으로 판단했다고 진술했다'고 진상규명을 촉구하는 기자회견을 열었다. 나중에 남욱은 이 사건과 관련하여 변호사법위반으로 구속되었다.

[뉴시스 및 증 제6호증 한겨레 기사문]

새정치민주연합 이재명 후보 선거캠프 이상락 선거대책위원장은 28일 선거사무소에서 기자회견을 열고 "새누리당 신■■ 후보가 금품로비 사건이 발생한 대장동 택지개발사업에 연루된 의혹이 있다"며 진상 규명을 촉구했다. 이 위원장은 "(대장동도시개발사업추진위원회가 선정한)

시행사가 새누리당 정치권 인사와 친분이 있는 부동산 컨설팅 용역업체 D연구원 대표에게 거액의 용역비를 지급했다고 한 언론에서 보도했다"며 "여기서 언급된 정치인이 새누리당 신■■ 후보"라고 주장했다.

이어 "시행사는 2009년 11월 D연구원과 21억5000만원의 정책 연구 용역 계약을 체결했고, 이 중 13억원을 집행했다"며 "시행사 대표는 과다 용역비 집행에 대한 경찰의 추궁에 '로비자금으로 판단했다'고 진술했다"고 덧붙였다.

이 위원장은 특히 "당시 국회의원이던 신 후보는 LH의 사업 포기 8개월 전인 2009년 10월 LH에 대한 국정감사에서 대통령을 언급하며 민간개발 방향이 맞다는 취지의 발언을 했다"며 "공영개발을 민간개발 방향으로 전환시키기 위해 영향력을 행사하려 한 것이 아닌지 밝혀달라"고 요청했다.

(뉴시스 2014. 5. 28.)

24일 <한겨레>가 입수한 '2015년 대장동 개발사업 검·경 수사기록'을 보면, 2014년 4월과 6월 예금보험공사는 남 변호사를 검찰에 수사의뢰했다. 혐의는 한국토지주택공사(LH)가 대장동 사업에서 빠지도록 국회의원에게 로비한다는 명목으로 부동산개발업체 씨세븐의 이○○ 전 대표로부터 13억3천만 원을 받았고(변호사법위반), 자신의 법인 소유 토지를 담보로 25억 원을 빌린 뒤 개인적으로 사용했다(업무상 배임)는 내용이었다.

(한겨레 2021. 10. 25.)

만약, 정진상 정책비서관이 유동규로부터 2014. 4.경 5천만 원의 뇌물을 받았다고 한다면, 불과 한 달 상간에 자신에게 뇌물을 주고, 선거 당선을 위해 힘쓰는 남욱 등 민간사업자들을 처벌해달라는 기자회견을 진행했을 리 만무하다. 실제 남욱은 위 사건 관련 변호사법 위반 혐의로 구속되기까지 하였다. 이에 대해 유동규는 '당시 신○○ 후보를 부패색으로 몰았어야 했다, 상대방 비방으로 사실상 그거를 갖다가 썼다'는 이해할 수 없는 답변을 하였다.

【2023. 5. 9. 제8회 공판기일 증인 유동규에 대한 증인신문 녹취서】

변호인 이건태(피고인 1.을 위한)
증인에게

문 2014. 4.경 피고인 정진상이 증인으로부터 5,000만 원을 뇌물로 받았다면, 2014. 5. 28. 이재명 후보 선대위원장 이▨▨이 13억 원을 받은 남욱 등 일당 처벌을 촉구하는 기자 회견을 할 수 있었을까요.

답 13억이요? 무슨 말씀이신지 잘 모르겠네요.

문 이 당시 선거의 쟁점 중 하나가 경찰이 ▨▨▨ 도시개발사업 비리 시의원 등 4명을 수 사해서 검찰로 송치한 사실이 있는데, 이와 관련해서 이재명 후보의 선대위원장 이▨ ▨이, 이때 수사대상에 남욱도 들어 있습니다. 13억 원을 받은 남욱 등 일당 처벌을 촉 구하는 기자회견을 했습니다. 남욱 등으로부터 뇌물을 받았다면 이 남욱 등이 포함 된 일당을 처벌하라는 촉구 기자회견을 했을 수 있겠느냐 이 말입니다.

답 그 당시에 신▨▨국회의원 동생도 거기에 연루돼서 그때 2014년 선거 당시에 신▨ 를 부패색으로 몰았어야 됩니다. 우리는 그런 것들이 필요했기 때문에 상대방 비방용 으로 사실상 그것를 갖다가 썼던 겁니다. 카드로 썼던 것이기 때문에, 그거는 선거용 카드인데 그것를 갖다가 남욱이 이해를 하든 어쩌면 못하든 그거는 이재명 시장이 몰 고 가는 것이다. 우리는 그렇게 얘기할 수밖에 없었지요. 그리고 그 부분에 대해서 크 게 영향을 받거나 뭐 하지는 않았습니다.

변호인 조상호(피고인 1.을 위한)
증인에게

문 증인은 2014. 4.에 김만배로부터 5,000만 원을 받아서 정진상 실장한테 주고, 남욱에게 1억을 받아서 김용 부원장한테 줬다고 진술했지요.

답 예.

문 그럼 2014. 4.에 남욱으로부터 그렇게 1억 원을 받고 하는 과정을 전부 정진상 피고인 과 공유를 했나요.

답 예, 다 했지요.

문 남욱한테 돈을 받았다는 것을 다 공유했습니까.

답 예, 당연히 했습니다.

문 그러면 그런 보고를 받고, 다 공유해서 알고 있는 정진상 피고인이 2014년, 아까 여쭤 본 거예요. 2014. 5.에 딱 한 달 뒤에요, 5,000만 원 받은 지. 한 달 뒤에 캠프에 선대 위원장 명의로 남욱이 13억여 원을 받았다는 걸로 업자로부터, 13억여 원을 받았다는 걸로 기자회견을 강행하는데, 상식적으로 나한테 돈을 준 사람 처벌을 촉구하는 게 가 능합니까.

답   자료 좀 제시해 주세요.

변호인 조상호(피고인 1.을 위한)
   증인에게

문   신███, 신███ 후보하고, 신███ 후보의 동생이었던 경쟁후보였던 신███ 후보의 동생
       과 이른바 이런 리베이트와 관련된 불법적 연결고리가 있었다는 취지인가요.

답   아니, 그러니까 그 관련된 의혹이 있었다고 이야기를 했고 그 부분을 갖다가 어떻게든
       지 자세히는 모르겠습니다만 어쨌든 네거티브 목적으로 우리는 정보수집을 했던 거고
       요. 그 네거티브 목적의 정보수집된 것을 제가 정진상한테 전달한 적이 있습니다.

문   그러면 결국 남욱 변호사는 신███ 후보하고도 긴밀한 관계가 있고 지금 증인의 말에
       따르면 이재명 후보하고도 긴밀한 관계에 있는데 이재명 후보만을 돕기 위해서 본인의
       비위와 관련된 사건들을 적극 알렸다는 건가요.

답   그때 당시에 내용은 뭐냐면 신███ 후보한테는 직접적으로 전달된 게 없는 걸로 이야
       기를 들었습니다.

문   신███ 씨는 받았잖아요.

답   신███가 받았다가 돌려줬답니다. 그리고 중간에,

문   처벌 됐지요, 신███ 씨. 신███ 씨 처벌됐지요, 그걸로.

답   아니, 그러니까 돌려줬기 때문에 집행유예 받았답니다.

아울러, 유동규가 남욱을 통해 이○○에게 선거자금 명목으로 13억 5천만 원을 조성하였다는 주장 자체도 신빙성이 떨어진다. 변호인은 2023. 5. 9. 제8회 공판기일에서, '남욱, 이○○을 통해 조성한 13억 5천만 원 중 김용에게 지급하였다는 1억 원, 정진상에게 지급하였다는 5천만 원을 제외한 나머지 12억 원이 선거캠프로 전달되지 않고 김만배의 자택 구입, 남욱이 개인용도 등으로 사용한 것(소위 '배달사고')에 대해 정진상에게 질책을 받았는지'를 질의하였고, 유동규는 '특별히 항의를 들은 적도 없고 그런 상황이 전혀 없

다'고 답변하였다. 그러나 종래 뇌물 1억 원 중 1천만 원만 부족해도 유동규를 질책하였다는 정진상 정책비서관이 12억 원이나 되는 선거자금이 제대로 전달되지 않았음에도 아무런 지적도 하지 않았다는 것은 종전 유동규의 주장과도 일치하지 않는다. 이에 대해서 제23부 재판장도 의문을 품고 직권으로 신문하였으나, 유동규는 "판사님이 지금 김만배를 인식하는 것보다는 훨씬 더 큰 존재로 저희들이 받아들이고 있었고", "김만배한테 거기서 싸우고 들고 따지고 들고 이러는 것 자체가 조금 애매했다"는 상식적으로도 납득하기 어려운 답변을 반복했다.

[2023. 6. 9. 제11회 공판기일 증인 유동규에 대한 증인신문 녹취서]

재판장

증인에게

문 사실은 더감 이█ 통해서, 호반을 통해서 돈을 만드는 과정이 그냥 쉽게 13억 원을 조달한 게 아니고 호반 쪽하고도 계속 협상도 하고 그리고 원래 계획했던 것 중에 분양광고 관련돼서는 또 배제가 되고 그러면서 좀 어렵게 만들었거든요. 그건 알고 있지요.

답 예.

문 그리고 그 어렵게 만드는 과정에서는 남욱이 이 돈을 만들 때 이걸 선거자금으로 하겠다는 이야기를 이█ 측에도 하고 그러면서 만든 돈 같아요. 그렇게 되어 있기 때문에 23억 5,000, 20억, 15억, 13억 5,000 이렇게 됩니다. 13억 5,000 정도가 조성된 다음에 그 뒤에도 돈도 들어오고 45억까지 가고 그런 것은 있는데 적어도 이 선거와 관련해서 13억 5,000이 조성된 다음에 이게 대부분 선거에 쓰이는 게 맞을 것 같은데 실제로 쓰인 것을 보면 대부분 자기네들 가져가서 집값 내고 개인용도로 쓰고, 정말 선거에 딱 쓰였다고 확실히 볼 수 있는 부분은 증인이 1억 5,000 받았다는 부분하고 그리고 대순진리회 줬다는 준 돈 그리고 김만배가 일부 여러 가지 하면서 쓸 수도 있겠지요. 그 정도밖에 없고 대부분은 알아서 다른 업자들이, 조성은 선거자금이라고 했지만 실제로는 어떻게 썼는지 모르게 개인적으로 가져간 상황이잖아요. 그 뒤로 계속 돈이 더 들어오고 시작은 아무튼 이█한테 이야기할 때는 13억 5,000 만든다. 그

리고 왜 만드는지에 대해서 재선에 선거자금을 쓸 것이라고 만들었습니다. 적어도 이███이 그
렇게 만든 돈의 대부분은 선거에 들어가는 게 맞는 것 같은데 실제로는 그렇게 다 안 들어갔으
면 선거에 승리했으니까 괜찮겠다. 어차피 내 주머니에 들어온 돈도 아니고라고 볼 수 있지만
적어도 재선에 쓰겠다면서 업자가 사실은 어렵게 만든, 이야기하자면 이재명 시장 측에 주겠다
면서, 선거에 쓰겠다면서 만들어놓고서는 자기네들이 써버렸다는 것이잖아요. 거기에 대해서는
불만 같은 게 안 나왔습니까.

답   불만이라는 것은 저도 사실 마음속으로는 불만이 많았고 기분이 안 좋았지만 그때 김만배가 갖
고 있는 위치라든지 그다음에 그 당시에는 판사님이 지금의 김만배를 인식하는 것보다는 훨씬
더 큰 존재로 저희들이 받아들이고 있었거든요. 그래서 김만배한테 거기서 싸우고 들고 따지고
들고 이러는 것 자체가 조금 애매했습니다.

결국, 위와 같은 정황들에 비추어 보더라도, 유동규가 남욱 등 민
간사업자들로부터 이재명 시장의 재선을 위한 선거자금을 조성하
였다거나, 그 과정의 일환으로 정진상 정책비서관이 유동규로부터
뇌물 5천만 원을 공여 받았다는 주장은 실체적 진실과 명백히 배치
된다.

2023. 5. 9. 제8회 공판기일에서 '피고인 정진상에게 뇌물을 공
여한 데 따른 혜택이 "동생이라는 칭호를 받은 것"'이라는 유동규
의 증언만 보더라도, 정진상 정책비서관이 직무와 관련하여 유동규
및 남욱 등 민간사업자들에게 그 수수한 이익과 관련지을 만한 직
무권한을 행사한 사실 자체도 없다는 점을 알 수 있다. 결국, 거짓말
을 새로운 거짓말로 덮기에 급급한 유동규의 진술에 일말의 신빙성
도 없음은 너무나도 명백하다.

【2023. 5. 9. 제8회 공판기일 증인 유동규에 대한 증인신문 녹취서】

> 변호인 이건태(피고인1.을 위한)
>
> 증인에게
>
> 문   피고인 정진상이 증인으로부터 뇌물을 받았다면 뭔가 혜택을 줘야 할 텐데, 무슨 혜택
>   을 받았습니까.
>
> 답   정진상은 이재명만큼의 힘이 있는 사람입니다. 아마 성남시 그다음에 경기도 모든 공
>   무원들이 다 알 것이고요. 그리고 그 당시에 ▮▮▮▮ 관련된 모든 내용들을 정진상과
>   저는 같이 공유하고 있었기 때문에 정진상이 뭐 좀 필요하다 그러면 저는 늘 가져다줬
>   습니다.
>
> 문   정진상으로부터 받은 혜택이 무엇인가요.
>
> 답   정진상한테 받은 혜택이요? 저는 동생이라는 칭호를 받은 것이지요. 그 자체가 혜택
>   아니겠습니까.

2020. 10.경 3천만 원을 줬다는 유동규의 진술도 신빙성이 없다.

이 부분 공소사실은 '퇴사를 고민 중이던 유동규가 퇴사 이후에도 피고인 정진상의 도움을 받아 다시마 액상 비료 사업의 판로 개척, 경기도농업기술원의 각종 인증 등을 받기 위해 피고인 정진상에게 금품을 제공하기로 마음먹고, 2020. 9. 하순경 정민용을 만나 현금 3천만 원을 마련해달라고 요구하고, 2020. 10.중순경 경기도청 사무실에서 정진상 피고인에게 교부하였다'는 것이다.

그런데, 유동규는 당초 검찰조사 당시 위 2020. 10.경 3천만 원이 '추석 명절 떡값'이라고 진술하였다가, 면담 과정인 2022. 10. 14.자

피신조서와 검찰 주신문 당시에는 '이재명 대통령 되면 박달사업 도와줘야 된다는 취지로 이야기 했다'고 증언하여, 박달동 탄약고 부지 개발 관련 청탁 명목인 것처럼 진술을 변경하였다.

유동규는 반대신문에 이르러서는 다시 공소장 기재와 같이 '유원오가닉 (비료사업을) 잘 챙겨달라'는 목적이었다고 선회하더니, 2022. 10. 13.자 피의자신문조서상 '대장동 사업을 하면서 제대로 돈을 갖다드리지 못해 챙겨드렸던 것으로 기억한다'는 진술과 배치됨을 지적하자 "그냥 검사검사 그런 어떤 내용들이라고 생각합니다"라고 답변을 에둘러 회피하였다.

【2023. 6. 13. 제12회 공판기일 증인 유동규에 대한 증인신문 녹취서】

> 변호인 이건태(피고인1.을 위한)
> 　　증인에게
>
> 문　증인은 3,000만 원을 정진상 피고인에게 어떤 명목으로 주었습니까.
> 답　그냥 좀 잘 해 달라고, 우리 친하니까 그런 말을 굳이 할 필요는 없었습니다만 아무래도 내가 사업을 하고 진행을 하니까 그런 것 가서 이야기할 때 그냥 가는 것보다는 아무래도 챙겨가서 이야기를 하는 것이 좋을 것 같아서 그때 챙겨갔던 것으로 기억합니다.
> 문　어떤 명목으로 줬냐는 이 말입니다.
> 답　유원오가닉하면 잘 챙겨 달라고 그 이야기를 했었습니다.
> 문　유원오가닉을 잘 챙겨 달라.
> 답　예.

문 증인은 검사가 '어떤 이유로 정진상에게 3,000만원을 교부한 것인가요'라고 묻자 '██
    █ 사업을 하면서 제대로 돈을 갖다 드리지 못해 챙겨드렸던 것으로 기억합니다'라고
    진술하였지요.
답 예.
문 그러면 이 진술은 아까 유원오가닉을 부탁하기 위해서 줬다는 것하고 배치되는데 어떻
    습니까.
답 그냥 겸사겸사 그런 어떤 내용들이라고 생각합니다.

그 이후 유동규는 '박달동사업을 위해 3천만 원을 준 것은 아니다'라고 증언하기는 하였으나, 이 부분 진술 역시 계속적으로 번복되어 일관성이 없을 뿐만 아니라, 정진상 정책비서관의 어떠한 직무와 관련하여 어떠한 대가를 얻을 목적으로 금원을 교부하였다는 것인지 여전히 불명확하다. 다만, 분명한 것은 설사 이 사건 공소사실이 모두 진실이어서 유동규가 다시마 액상 비료사업의 도움을 받을 것을 기대하고 금원을 교부하였다고 하더라도, 사업의 판로개척, 경기도농업기술원의 각종 인증은 정진상 실장의 직무와 아무런 관련이 없다. 나아가, 위 비료사업은 물론 박달동사업 역시 당장 구체화되지도 않은 막연하고 추상적인 계획에 불과하였으며, 대선의 당선여부도 장담할 수 없는 상황에서 장차 정진상 실장이 수수한 이익과 관련지을 만한 직무권한을 행사할지 자체조차 알 수 없는 상황이었음을 아울러 고려하면, 이 부분 공소사실 역시 허위라고 봄이 상당하다.

[2023. 6. 13. 제12회 공판기일 증인 유동규에 대한 증인신문 녹취서]

변호인 이건태(피고인1.을 위한)
증인에게

문 그러면 이 ███ 건과 관련해서 증인이 그걸 잘 봐달라는 취지로 3,000만 원을 준 것
은 아니에요?

답 그거는 그냥 정진상이 그거는 잘 챙겨준다고 했었습니다. 그런데 제가 그때 한 것은
뭐냐면, 그때 가져간 것은 아까도 말씀드렸다시피 어떤 요구라기보다는 검사검사 나가
서 사업을 해야 되고, 그리고 난 다음에 그때 추석도 못 챙겨줬고, 그리고 그때 당시
20억 이야기했는데 못 해 줬고, 그런 것들 때문에 제가 그때 돈을 마련해가지고 갖다
주고, 그때 '나 나가서 사업하니까 잘 부탁한다' 그런 취지로 이야기했던 것입니다.

문 그런데 2022. 10. 13. 검찰조사에서 증인은 피고인 정진상에게 3,000만 원을 준 이유에
관해서 '███ 사업을 하면서 제대로 돈을 갖다 드리지 못해 챙겨드렸던 것으로 기억
합니다'라고 진술하였었는데, 그다음 날인 2022. 10. 14. 검사와의 면담에서는 '남욱이
추진하는 안양███ 사업을 문의하였다'라고 새로운 얘기를 하였고, 2022. 10. 15. 검
사와의 면담에서는 '다시마 액상비료 사업을 도와달라고 부탁하였다'고 또 이렇게 새로
운 얘기를 합니다. 단 며칠 사이에 지속적으로 진술이 변경되는데, 증인이 정진상 피고
인에게 3,000만 원을 준 이유가 무엇인가요.

답 제가 변경돼서 이야기한 게 아니라 그런 관련된 내용들을 이야기했다고 말씀을 드린
겁니다. 드린 것이고, 3,000만 원에 대해서 굳이 묻는다고 그러면 굉장히 친한 사이니
까 당연히 전 도와줄 것이라고 당시에 생각했었습니다. 그리고 이제 다만 뭐냐면 그냥
그때 추석도 못 챙겼던 것으로 제가 기억을 합니다. 그래가지고 관련돼가지고 챙겨드
리면서 이야기하면 아무래도 더 관심을 갖고 해 줄 것이라고 저는 생각해서 갖다 줬던
겁니다.

유동규의 진술은 신빙성이 없다. 유동규의 진술이 믿을 수 없다
는 사실은 편견을 갖지 않고 살펴보면 누구나 인정할 수밖에 없는
'팩트'다. 나는 유동규가 정진상 실장에게 뇌물을 줬다는 진술은 거

짓말이라고 확신한다. 유동규는 개인적인 용도로 사용할 목적으로 남욱으로부터 뇌물을 받고 그 책임을 정진상 실장에게 떠넘기고 있는 것이다. 나 정도의 확신이 아니더라도, 형사사건은 법관으로 하여금 합리적인 의심의 여지가 없을 정도로 증명되어야 유죄를 선고할 수 있다. 과연 이 사건에서 법관으로 하여금 '유동규가 개인적인 용도에 사용하기 위하여 남욱으로부터 돈을 받았을 수 있다'는 합리적인 의심을 갖지 않게 할 수 있을까? '열 사람의 범인을 놓쳐도 한 사람의 무고한 죄인을 만들어서는 안 된다'는 근본정신을 새삼 되새길 필요가 있다고 할 것이다.

대장동 사건이
무죄인 핵심 이유

뇌물의 대가

유동규가 정진상으로부터 뇌물을 주고
받은 혜택은 '동생'이라는 호칭이다.

유동규 본부장은 정진상 실장에게 7회에 걸쳐 합계 2억 4천만 원의 뇌물을 줬다고 검찰에서 진술했다. 그랬던 유동규 본부장은 법정 진술에서 오락가락 진술을 하여 그 말이 믿을 수 없다는 사실이 적나라하게 드러났다.

"형사재판에서 범죄사실의 인정은 법관으로 하여금 합리적인 의심을 할 여지가 없을 정도의 확신을 가지게 하는 증명력을 가진 엄격한 증거에 의하여야 하므로, 검사의 증명이 그만한 확신을 가지게 하는 정도에 이르지 못한 경우에는 설령 유죄의 의심이 가는 사정이 있더라도 피고인의 이익으로 판단하여야 한다(대법원 2023.1.12. 선고 2022도11245, 2022보도52 판결)". 이것이 대법원의 일관된 판례다.

우리 변호인단은 유동규 본부장의 오락가락 법정진술에 의하여 정진상 실장의 뇌물죄는 무죄가 선고될 것이라고 확신하고 있다.

나는 법정에서 유동규 본부장에게 "정진상 실장이 뇌물을 받았다면 뭔가 혜택을 줘야 할 텐데, 무슨 혜택을 받았느냐"고 물었다. 유동규 본부장의 대답이 정말 충격적이었다.

유동규 본부장은 "정진상한테 받은 혜택이요? 저는 동생이라는 칭호를 받은 것이지요. 그 자체가 혜택 아니겠습니까"라고 증언하였다.

뇌물을 준 자가 뇌물을 주고받은 대가가 고작 '동생'이라는 칭호라는 것이다. 이 말은 '동생'이라는 칭호 이외에는 그 어떤 것도 받은 것이 없다는 취지이다. 그런데 유동규 본부장은 정진상 실장에게 뇌물을 주기 훨씬 전부터 정진상 실장과 형, 동생 하는 사이였다. 유동규 본부장이 법정에서 한 이 대답에 의하여 정진상 실장이 무죄임이 입증되었다.

성남 제1공단 근린공원

이명박 대통령의 청개천 사업은 알아주면서
왜 이재명 대표의 1공단 공원화 사업은
알아주지 않는지 모르겠다.

대장동 사건은 이재명 시장이 성남시 구도심 주민들을 위하여 1공단 공원화 사업을 하는 과정에서 발생한 사건이다. 이 멋진 휴식공간을 시민에게 제공하기 위하여 2,761억 원이 투입되었다. 무에서 유를 창조한 것이고, 투철한 애민정신과 엄청난 열정과 용기가 없으면 불가능한 사업이다. 이명박 대통령의 청개천 사업은 알아주면서 왜 이재명 대표의 1공단 공원화 사업은 알아주지 않는지 모르겠다. 알아주지 않는 정도가 아니라 오히려 범죄로 몰고 있으니 적반하장도 이런 적반하장이 있을 수 있을까?

내가 성남 제1공단 근린공원을 소개하는 것은 의미가 없을 것이다. 인천일보 2022. 5. 1.자 "옛 성남 제1공단, 근린공원으로 변신… 2일 문 열어" 기사를 그대로 소개한다.

옛 성남 제1공단이 근린공원으로 탈바꿈해 2일 문을 연다.

제1공단 부지는 수정구 신흥동 2457 일원 8만4271㎡ 규모로, 1974년 지방산업단지로 조성됐다가 2004년부터 공장 이전과 건물 철거가 진행돼 15년간 빈터로 남아있던 곳이다.

시는 2762억 원을 들여 제1공단 전체 부지 중 4만6617㎡에 야외 공연장, 보행 육교, 바닥분수 등을 갖춘 '제1공단 근린공원'을 조성했다.

▲ 제1공단 근린공원/사진제공=성남시

또 오는 11월 성남역사박물관 교육동이, 2025년 상반기에는 전시동이 각각 개관한다.

성남역사박물관은 제1공단의 역사와 시민 애환, 도시개발의 역동성을 보여주는 기록과 유물자료를 전시하고, 교육하는 장소로 활용한다.

성남시 관계자는 "30년간 성남시민의 생활 터전이던 옛 제1공단을 시민들에게 주려고 공원을 조성했다"면서 "역사와 문화, 휴식이 어우러진 원도심 대표 녹지 공간으로 자리매김할 것"이라고 했다.

성남=이동희 기자 dhl@incheonilbo.com
출처 : 인천일보(https://www.incheonilbo.com)

3부 대장동 사건이 무죄인 핵심 이유

검사의 객관의무

정관, 인사규정 개정은
유동규의 전횡을 위한 것이 아니다.

검찰은 2010. 12.경 유동규가 성남시설관리공단 기획본부장에 임명된 후에 공단의 정관과 인사규정을 개정하여 기획본부장의 공단 이사장에 대한 복종의무를 삭제하고 인사권을 기획본부장에게 위임함으로써 유동규 본부장이 조직을 전횡할 수 있도록 해주었다고 주장했다. 일부 언론도 검찰의 주장만 믿고 그런 취지로 보도했고, 국민들도 그렇게 잘못 알고 있는 경우가 많다.

그러나 검찰의 이런 주장은 사실관계의 전모를 드러내지 않고 일부만 발췌하여 주장하는 것으로서 매우 비신사적이고 악의적인 행태이고, 검사의 객관의무 위반이다.

검사에게는 객관의무가 있다. 검사의 객관의무에 관하여 잘 정리한 2021. 5. 10.자 한겨레 박용현 기자 칼럼 "검사의 '객관의무'" 중 일부를 그대로 인용한다.

> 검사는 피고인의 혐의를 입증할 증거뿐 아니라 피고인에게 유리한 증거도 조사해 법정에 제출해야 한다. 검사는 형사소송에서 피고인의 상대편에 선 일방 당사자인 동시에, 공익의 대표자로서 실체적 진실을 가려야 할 의무가 있기 때문이다. 검사가 이렇게 객관적 제3자의 입장에서 직무를 수행해야 한다는 원칙을 '객관의무'라고 한다.
>
> 이 원칙은 법에 명시돼 있지는 않지만 대법원의 2002년 판결을 통해 확인된다. 대법원은 검사가 성폭력 피해자의 옷에서 피고인과 다른 유전자형이 검출된 사실을 알고도 법원에 제출하지 않아 유죄가 확정됐다면 검사의 행위는 위법하다고 판결하면서 "검사가 수사 및 공판 과정에서 피고인에게 유리한 증거를 발견하게 되었다면 피고인의 이익을 위하여 이를 법원에 제출하여야 한다"고 밝혔다. 용산참사 사건에서 피고인들이 법정에 제출되지 않은 수사

서류의 열람·복사를 신청해 법원의 허용 결정까지 나왔음에도 검사가 이를 거부한 데 대해 대법원이 불법행위 책임을 인정한 것도 같은 맥락이다.

미국에서는 우리보다 훨씬 앞선 1963년 연방대법원 판결로 이 원칙이 확립됐다. 살인사건 공범으로 기소된 존 브래디는 사형선고를 받았으나, 또 다른 범인이 실제 살인행위는 자신이 혼자 저질렀다고 자백한 것을 검찰이 감춘 게 뒤늦게 드러났다. 브래디는 무기징역으로 감형됐다가 가석방됐다. 이 원칙은 검찰 쪽 증인의 신빙성을 의심하게 하는 사실이 있으면 이 또한 검사가 법정에 내놓아야 한다는 데까지 확장됐다. 미국에서는 피고인에게 유리한 증거를 감추는 수사관을 '브래디 캅'이라고 부르기도 한다.

조국 전 법무부 장관 부인 정경심 교수의 항소심 재판에서, 검찰이 표창장 사본이 발견된 동양대 컴퓨터의 포렌식 결과를 일부만 법정에 제출한 것으로 나타나 논란이 일고 있다. 검찰은 정 교수가 이 컴퓨터로 자택에서 표창장을 위조했다는 혐의를 입증하기 위해 자택에서 사용된 인터넷 프로토콜(IP) 주소를 추출해 제출했지만, 포렌식에서 이와 다른 아이피 주소도 함께 나왔다는 것이다. 두 번째 아이피 주소가 어느 장소에서 사용된 것인지는 아직 명확하지 않다. 이 주소가 정 교수 쪽에 유리한 증거인지 여부와 이를 누락시킨 이유 등에 따라 객관의무 위반 문제를 살필 수 있을 것이다.

2010. 8. 18. ~ 27. 성남시설관리공단에 대한 성남시 특별감사가 있었고 공단 이사장이 해임되었다. 그런데 해임된 이사장이 해임처분이 부당하다며 업무정지가처분신청과 해임취소소송을 제기하였다. 만약 신임 이사장이 임명된 후 해임됐던 전임 이사장이 가처분이나 행정소송이 받아들여져 복귀할 경우 이사장이 2명이 되고, 정상적인 업무진행에 문제가 있을 우려가 있었기 때문에 이러한 가능성을 대비해서 정관 및 인사규정의 개정이 추진되었다. 따라서 이 일은 유동규 본부장이 조직을 전횡하도록 하기 위한 것이 아니었다. 그리고 문제가 해소된 이후 정관 및 인사규정은 2011. 7. 7. 원래대로 환원되었다. 검사는 수사를 통해 이런 전후 사정을 모두 알고 있었음에도 불구하고 마치 이재명 시장이 유동규 본부장을 위하여 성남시설관리공단의 정관 및 인사규정을 개정한 것처럼 주장했다. 그리고 원래대로 환원된 정관 및 인사규정도 압수수색을 통해 확보하고 있었을 것임에도 이 증거는 법원에 제출하지 않았다.

법정에서 변호인의 증인신문에 답하여, 유동규도 가처분이나 행정소송이 받아들여질 경우를 대비해서 정관 및 인사규정이 개정되었다는 사실, 2011. 7. 7. 원래대로 환원되었다는 사실을 인정하였다. 따라서 검사가 성남시설관리공단이 정관 및 인사규정을 개정하여 유동규가 조직을 전횡할 수 있도록 해줬다고 주장하고, 증거도 그에 부합하는 일부만 제출한 것은 명백히 검사의 객관의무에 위반된다.

보고되었다는
증거가 없다

유동규는 대장동 공모지침서를
이재명 시장, 정진상 정책비서관에게 보고하지 않았다.

대장동 공모지침서가 이재명 시장, 정진상 정책비서관에게 보고되었는지가 세간의 관심인데, 대장동 공모지침서는 이재명 시장, 정진상 정책비서관에게 보고되지 않았다. 왜냐하면 공모지침서 작성, 공모 절차 수행, 사업자 선정은 모두 성남도시개발공사의 업무이고 권한사항이기 때문이다. 법정에 제출된 검찰의 증거기록 중에 공모지침서가 이재명 시장, 정진상 정책비서관에게 보고되었다는 증거는 없다.

3부 대장동 사건이 무죄인 핵심 이유

유동규는 '자신은 공모지침서 내용을 이재명 시장에게 보고하지 않았고, 황○○ 사장 등이 대장동 개발사업 진행 경과 등에 대해 간략하게 보고했다'고 검찰에서 진술했다. 즉, 유동규, 황○○ 사장 등이 공모지침서를 이재명 시장, 정진상 정책비서관에게 보고한 사실이 없는 것이다.

공모지침서는 2015. 2. 13. 발표되었는데, 그 직전 공모지침서가 확정된 상황을 살펴보면 공모지침서가 이재명 시장, 정진상 정책비서관에게 보고될 시간적 여유가 없었다. 정민용이 2015. 2. 11. 정영학으로부터 공모지침서 내용을 전달받아 오고, 2015. 2. 12. 주○○, 김○○, 정민용, 김○○가 공모지침서 작성 관련 실무자회의를 했고, 같은 날 '공모지침서 내용 확정의 건' 내부결재가 있었고, 2015. 2. 13. 공모지침서가 발표되었다. 그런데, 유동규와 김○○는 2015. 2. 12. ~ 2. 19. 필리핀으로 휴가를 떠났다. 2015. 2. 12. 공모지침서가 내부결재가 되었는데, 그날 유동규는 필리핀으로 휴가를 떠났던 것이다. 그러므로 유동규가 이재명 시장, 정진상 정책비서관에게 확정된 공모지침서를 보고할 시간적 여유가 없었다.

유동규는 "주○○이 확정이익 방침에 대해 반대의견을 제시했다는 사실을 이재명 시장, 정진상 실장에게 보고하지 않았고, 보고하지 않은 이유는 리더십에 대해 의심할 수도 있었기 때문이고 '그래서 어쩌라고'라는 반응을 보일 것이 뻔하기 때문이었다"라고 검찰에서 진술했다. 유동규도 공모지침서를 이재명 시장, 정진상 정책비서관에게 보고하지 않았다고 인정한 것이다.

정진상, 김용 지분은
유동규가 만든 소설이다

검찰이 기존 수사결론, 기존 유동규의 진술, 정영학 녹취록을 무시하고 정진상 실장을 천화동인 1호 지분을 받기로 약속한 혐의로 기소한 유일한 증거는 유동규의 석방 후 번복 진술뿐이다. 굳이 전문적인 식견이 필요 없다. 법조인이 아니라 일반인이더라도 검찰의 기소를 정당한 기소라고 볼 사람이 있을까?

유동규는 천화동인 1호는 유동규, 정진상, 김용이 3분의 1씩 지분을 가지고 있다고 주장하고 있다. 유동규의 이 주장은 신빙성이 있을까?

유동규는 2022. 9. 26.자 피의자신문조서에서, 2014. 6. 28. 유동규가 정진상, 김용이 김만배를 알아두면 좋을 것 같아서 정진상, 김용에게 김만배를 소개해주었고, 이 자리는 단순한 소개 자리였기 때문에 의형제를 맺은 사실이 없고, 대장동에 관하여 말을 나눈 사실이 없다고 진술했다. 이른바 '의형제' 이슈에 대해 유동규가 스스로 그런 일이 없었다고 진술한 것이다. 이 진술은 유동규가 검찰에 협조한 2022. 9. 26.자 조서에서 한 말이다. 정진상 실장은 유동규, 김용, 김만배 등 4인이 만나서 저녁 식사를 한 사실이 없다고 주장하고 있다. 유동규의 주장대로 4인이 만났다고 하더라도 만난 첫날 의형제를 맺고 대장동 사업권을 주겠다고 내락을 하였다는 것은 상식에 부합하지 않는다. 김만배를 어떻게 믿어서 그런 내락을 하겠으며, 백 보 양보하여 부정한 거래가 있었다고 하더라도 대가에 대해 구체적인 합의도 없이 사업권을 주겠다고 내락을 하겠는가? 한마디로 유동규가 만든 소설이다.

유동규는 2022. 10. 16.자 검사 면담조사에서 "예전에는 대장동 사업에 대한 정진상, 김용의 몫이 없다고 생각하였는데, 지금은 김만배가 직접 위 사람들과 거래하여 지분을 주었을 수도 있다고 생각한다"라고 진술했다. 이 진술도 유동규가 검찰에 협조하기 시작한 이후에 한 진술이다. 유동규는 법정에서 천화동인 1호를 자신, 정진상, 김용 3인 공동소유라는 취지로 증언하였다. 검찰 진술에서는 정진상 실장, 김용 부원장의 몫이 없다고 진술했다가, 법정에서

3부 대장동 사건이 무죄인 핵심 이유

는 자신과 정진상 실장, 김용 부원장 3인 공동소유라고 증언한 것이다.

유동규는 2021. 10. 21.자 검찰 대질 조서에서, '유동규와 김만배가 천화동인 1호 지분 또는 700억 원을 서로 주고받겠다는 농담을 했다'고 진술했다. 즉, 김만배가 유동규에게 천화동인 1호 지분을 줬다는 것은 농담이라는 취지다.

이처럼 천화동인 1호에 관하여 정진상의 '정'자, 김용의 '김'자도 꺼낸 적이 없었고, 유동규 본인의 지분이라는 사실도 부인했던 유동규가 2022. 10. 25.자 검사 면담조사에서(즉, 피의자신문조서를 작성하지 않은 조사에서) 처음으로 '정진상, 김용과 지분 24.5%를 각각 1/3씩 나누기로 협의하였다'고 진술하였다. 검찰조사의 흐름을 종합해보면, 유동규가 천화동인 1호를 정진상 실장, 김용 부원장과 3분의 1씩 보유하고 있다고 한 진술은 검찰의 입맛에 맞게 쓴 소설인 것이다.

그러면 정영학 녹취록에는 천화동인 1호의 소유자에 관하여 어떻게 되어 있는지를 살펴보자.

김만배, 유동규, 정영학이 2020. 10. 30. 분당 정자동 노래방에서 대장동 사업관련 지분을 정리하면서 나눈 대화 녹취록에 따르면, 천화동인 1호가 유동규 단독소유라고 얘기하고 있을 뿐이고, '3인 공동소유'라고 얘기하는 대목은 어디에도 나오지 않는다. 만약 정진상 실장과 김용 부원장이 유동규와 함께 소유하고 있던 것이라면, 위와 같이 단정적으로 유동규의 소유라고 말할 이유는 전혀 없다.

유 동 규   아니 그러니까 **비밀이 지켜졌어야죠.**

김 만 배   **비밀이 어떻게.. 안돼.**

유 동 규   그리고.. 아니요. 비밀이 지켜지면서 심부름을 시켰어야죠.
그러면 내용을 모르고 정리가 될 텐데, 이게 지금 너무 많이 퍼져나가게 되기 때문에, 그건 결국 두고두고도 이거는 후환이 될 수밖에 없어요.
그러니까 전체적으로 이쪽이 너무 지금 누가 됐는지 모르겠지만, 전체적으로 너무 행동이 좀 가벼웠다.
그리고 얼마 벌었네, 얼마 벌었네 돌아가면서 이런 이야기 나오고.
그건 참 애석한 일이다.

김 만 배   → 유동규
돌아다니면서 쓸데없는 얘기해서 직원들이 많이 안거지.
천화동인1이 남들은 다 너껄로 알어.
너라는 지칭은 안하지만, 내께 아니라는 걸 알어. (..)

정 영 학   그거 (..)

유 동 규   그걸 누가 이야기 안했으면 애들이 어떻게 알겠어요. 누군가 이야기했으니까 알겠죠.

김 만 배   아니, 회사에서 얘기한 게 아니라, 여기저기 다니면서 천화동인1 소송할거 다 뭐할거다 이런 얘기했겠지.

유 동 규   그런데 그게 내꺼라는 걸 왜..

김 만 배   아니, 너라는 얘기는..

유 동 규   남욱이.. 남욱이 꺼.. 아니, 남욱이 지꺼라고 그랬으면 지꺼라고 이야기해야지. 남욱이가 유동규 꺼니까 뺏어와야겠다, 그런 말은 안했을 거 아니에요?

    3부 대장동 사건이 무죄인 핵심 이유

김 만 배	그런 얘기는 안했는데, 그거는 형이 오바한 거고. 내께 아니라는 걸 알지.
유 동 규	예. 그러니까 팩트를 정확하게 해야지. 그다음에 내가.. 누군가 아, 이거는 유동규 몫으로 해놓은 거야, 이렇게 이야기하지 않는 다음에야..
김 만 배	아무도 몰라. 너라는 거.
유 동 규	아무도 모르죠. 알 수가 없는 거잖아요. 그리고, 그런데 이제 애초부터 이거를, 내가 그랬잖아요. 왜냐면 밑에 있는 애들, 하다못해 김씨니, 유씨니, 다른 작은 유씨니, 김 씨니. 입 밖으로 내본 적이 없어요. 그냥 심부름만 시켜가지고 일만 하게 만들어놓고.
김 만 배	아, 여기도 그래, 동규야.
유 동 규	그런데 여기서 그런데 사공들이 많아진 거는, 그런데 왜냐면 사고 때문에 입막음에 대한 사공들이 많아졌다는 거는. 그거는 조금 더 조심했어야 될 것 같애요.

이 녹취록에서 김만배는 유동규에게 "천화동인 1이 남들은 다 니 껄로 알아", "너라는 지칭은 안 하지만 내께 아니라는 걸 알아"라고 말하자, 유동규는 자신의 것임이 소문이 난 줄 알고 김만배에게 "그 걸 누가 이야기 안 했으면 애들이 어떻게 알겠어요. 누군가 이야기 했으니까 알겠죠"라고 따져 묻는다.[*]

그러자 김만배는 유동규에게 "(남욱이) 여기저기 다니면서 천화 동인1 소송할 거다 뭐 할 거다 이런 얘기 했겠지"라고 답하면서 남

● "유동규"라고 수기로 쓴 부분은 정영학의 자필 기재다.

욱이 천화동인1이 자신의 것이라는 소송을 할 것(주식 명의신탁해지 등 소송)이라는 이야기를 한다. 이에 유동규는 김만배에게 "남욱이 지꺼라고 그랬으면 지꺼라고 이야기 해야지, 남욱이가 유동규 꺼니까 뺏어와야겠다. 그런 말은 안 했을 거 아니에요?"라고 말한다. 즉, 유동규는 남욱이 천화동인 1호의 소유자가 자신의 것임을 어떻게 알았는지 발끈하며, 남욱이 '유동규 꺼라면서 소송하겠다고 하지는 않았을 것 아니냐'라고 재차 묻는 내용으로, 그 당시 유동규는 남욱이 천화동인 1호가 유동규의 것임을 모르고 있었을 것이라고 인식하고 있는 모습을 보여준다.

이처럼 유동규가 발끈하자 김만배는 "(남욱이) 그런 얘기(천화동인1이 유동규 것이라는 얘기)는 안 했는데, 그거는 형이 오바한 거고. (남욱이) 내께 아니라는 걸 알지"라고 하면서 남욱이 천화동인 1호가 유동규 것이라는 것까지는 모르고 자신(김만배)의 것이 아닌 것만을 알고 있다고 하며 한 발 물러선다.

이에 유동규가 김만배에게 "팩트를 정확하게 해야지 (중략) 누군가가 아, 이거는 유동규 몫으로 해놓은 거야, 이렇게 이야기하지 않은 다음에야…"라고 하면서 누군가 이야기 하지 않은 이상 천화동인 1호가 자신의 것이라는 점을 남욱이 알지 못할 것이라는 취지로 이야기 한다.

그러자 김만배는 유동규에게 "(남욱을 포함하여) 아무도 몰라. 너라는 거"라고 말하며 유동규를 안심시키고, 이에 재차 유동규가 김만배에게 "아무도 모르죠. 알 수가 없는 거잖아요. (중략) 입 밖으로 내본 적이 없어요"라고 말한다. 이는 유동규가 김만배에게 남욱이 천화동인1이 자신(유동규)의 것임을 모르고 있지 않느냐고 거듭 확인을 하는 내용이다.

이 말을 듣자 김만배는 "아, 여기도 그래 동규야"라고 말한다. 이때 '여기'는 남욱을 포함한 대장동 일당을 지칭하는 것으로, 김만배는 유동규에게 남욱이 천화동인 1호의 지분이 유동규의 것이라는 점을 모르고 있다고 안심시킨 것이다.

이 녹취록은 유동규가 직접 참여하여 천화동인 1호의 소유에 관하여 논의하는 자리에서 녹음된 것인데, 그 자리에서 유동규의 인식은 남욱이 천화동인 1호가 자신(유동규)의 것이라는 것을 몰랐다고 보고 있는 것이므로, 이점에 비춰볼 때 대장동 사업 초기부터 남욱, 김만배, 유동규, 정진상 실장, 김용 부원장이 결탁하여 천화동인 1호에 관한 지분을 논의하였다는 것은 그 전제 자체가 틀린 것이다.

오히려 김만배와 유동규 사이에서는 남욱 모르게 천화동인 1호를 유동규가 가지는 것으로 약정하였고, 남욱은 천화동인 1호가 자신의 것으로 생각하고 김만배에게 소송을 통해 천화동인 1호를 되찾으려고 했다는 사실을 보여준다. 따라서 천화동인 1호의 지분관계에 대해서는 남욱, 김만배, 유동규가 서로 자기가 가지려고 했던 것이지 정진상 실장이나 김용 부원장에게 지분을 나눠주려고 한 내용은 어디에도 없다.

김만배, 유동규, 정영학은 2020. 10. 30. 분당 정자동 노래방에서 정진상 실장이나 김용 부원장에게 수익을 배분하는 내용을 논의한 사실이 전혀 없다. 오히려 남욱이 자신의 지분을 더 확보하기 위해 김만배를 상대로 소송을 제기할 우려에 관하여 논의하고, 유동규 단독으로 지분을 가지고 있다는 전제하에 유동규에게 수익을 지급할 방법에 관하여 논의하였을 뿐이다.

만약 정진상 실장, 김용 부원장, 유동규가 3분의 1씩 지분이 있었다면, 김만배가 배당금을 지급하는 문제를 정영학과 상의할 때 반드시 정진상 실장, 김용 부원장에게 지급하는 방법도 상의했어야 하는데, 그런 상의가 없다. 이는 유동규의 지분은 유동규 단독 소유라는 사실을 반증해주고 있다.*

● 녹취록에 수기로 기재한 글들은 모두 정영학의 자필 기재다.

김 만 배	아니, 걔 생각이지. 걔는 천화동인1이 저.. 소송을 하겠다는 거지. 차명으로 자기앞 건데.
유 동 규	그렇게 생각해요? 남욱이가?
정 영 학	그건 잘 모르겠습니다.
유 동 규	그래서 그렇다고 생각해요?
김 만 배	그거지 뭘. 형은 그거라고 봐.
유 동 규	아니 그런데, 걔는 전혀 관심이 없다. 왜냐면 애초부터 시작할 때 다 정리 된 건데 그걸 갖다가 왜 그렇게 하느냐.
정 영 학	그건 소송 대상도 아니고 말도 안 됩니다.

(중략)

김 만 배	자, 내가 이렇게, 이렇게 해보자. 내가 동규한테, 뭐 동규 지분 아니까. 700억을 줘. 응? 700억을.
정 영 학	예, 예.
김 만 배	만약에 이걸 줄 수 있는 게, 비상장 주식을 내가 유동규가 만약에 차렸는 데 그거를 내가 비싸게 사서.. 그 할 수 있어, 없어?
정 영 학	그건 제가 잘 모르겠습니다.
김 만 배	그러면 가장 좋은 방안은 뭐야?
정 영 학	잘 모르겠습니다.

(중략)

유 동 규	아니, 그건 세법문제가 아니에요, 형님. 그거는 법적문제죠.
정 영 학	그건 법적으로 해봐야죠.
유 동 규	법적문제이기 때문에 그 저기 정 회계사한테 물어볼 일이 아니고, 그거는 법적으로 따져봐야 될 문제예요, 형님. 법적으로 따져서 이게 뭐냐면, 이게 증여나 상속으로 가능한 것인지, 이것

그리고 2021. 10. 4. 국정감사 때 서울중앙지방검찰청 이정수 검사장은 "더 자세한 부분은 저희가 말씀 못 드리겠지만, 물론 녹취록에도 '그분'이라는 표현이 한 군데 있습니다. 그 부분이 언론·세간에서 얘기하는 그 인물을 특정해서 하는 건 아니고 다른 사람을 지칭해서 하는 표현은 있습니다. 근데 정치인 '그분'을 얘기하는 부분은 아닙니다"라고 답변하였다.

사회

서울중앙지검장 "녹취록엔 정치인 '그분' 없다"

국회 법사위 국정감사 '그분' 공방... 이정수 "언론보도, 검찰 자료와 사뭇 달라"

21.10.14 17:58 | 최종 업데이트 21.10.14 17:58 | 선대식(sundaisik) ▼

(오마이뉴스 2021. 10. 14.)

이정수 검사장의 이 답변뿐만 아니라 검찰은 2021. 10. 21. 유동규의 지분은 유동규의 단독 지분으로 판단하여 유동규를 부정처사후수뢰죄로 기소하였다. 이 공소장을 보면, 정진상 실장, 김용 부원장은 그 이름조차 나오지 않는다.

정영학 녹취록을 살펴보면, 유동규의 지분은 유동규의 단독 소유라는 사실을 명백히 알 수 있다. 유동규가 2022. 9. 26. 검찰에 협조하기로 한 이후에도 한참 동안 정진상 실장, 김용 부원장의 지분이 있다는 주장을 하지 않았다. 그랬다가 유동규는 2022. 10. 20. 자정에 석방되었고, 2022. 10. 25. 검사 면담조사 때 처음으로 정진상 실장, 김용 부원장의 지분이 있다고 진술했다. 그리고 2022. 11. 15. 검찰은 정진상 실장을 소환조사했고, 11. 16. 구속영장을 청구했다. 유동규의 석방과 진술 번복이 아무런 관련이 없다고 믿는 국민이 있을까?

유동규의 석방 이후 번복 진술은 기존 검찰의 결론에 반하고, 기존 자신의 진술에도 반하고, 정영학의 녹취록에도 반하고, 상식에도 반하는 거짓말이다.

검찰이 기존 수사결론, 기존 유동규의 진술, 정영학 녹취록을 무시하고 정진상 실장을 천화동인 1호 지분을 받기로 약속한 혐의로 기소한 유일한 증거는 유동규의 석방 후 번복 진술뿐이다. 군이 전문적인 식견이 필요 없다. 법조인이 아니라 일반인이더라도 검찰의 기소를 정당한 기소라고 볼 사람이 있을까?

대장동 사건이
무죄인 핵심 이유

내가 그들의 핵심 민원사항을 모두 거절했고,

추가로 1,120억 원을 부담시켰는데,

어떻게 그들과 결탁되었다고 할 수 있느냐.

이재명 시장은 땅 투기를 통해 수천억 원을 벌어가는 투기세력을 싫어했고 성남시에서 몰아내려고 했다. 이재명 시장이 투기세력인 대장동 일당을 극도로 싫어했다는 내용은 정영학 녹취록에도 나온다.

(2013.3.21.자 녹취록)

유동규는 법정에서 "이재명 시장이 당선일로부터 며칠 후 대장동 마을회관을 찾아와 대장동 주민들에게 '민간개발은 안 됩니다. 대장동은 성남의 마지막 남은 금싸라기 땅인데, 민간업자에게 그 땅을 줘서 수천억 원을 가지고 가게 할 순 없다'고 말했느냐"고 변호인이 묻자 "예"라고 대답했다.

이재명 대표는 '내가 대장동 일당과 결탁하지 않았다는 명백한 증거가 있다. 내가 그들의 핵심 민원사항을 모두 거절했고, 추가로 1,120억 원을 부담시켰는데, 어떻게 그들과 결탁되었다고 할 수 있느냐'고 항변하곤 했다. 사실 이재명 대표의 이 말이 대장동 사건에서 변호인들의 핵심 변론요지다.

남욱 등 대장동 일당은 주민들이 만든 '추진위원회'의 이름으로 성남시에 자신들의 5대 핵심 민원을 제기했으나, 이재명 시장은 모두 거절했다.

첫째, 대장동 일당은 '민간개발을 허가해달라'고 희망했으나 이재명 시장은 민간개발을 불허했다. 대장동 일당은 자신들이 대장동 토지의 80%를 매수하였으니 당연히 민간개발을 허가해줄 것을 기대했으나 이재명 시장이 이를 불허한 것이다. 이들은 민간개발을 하기 위해 국회의원의 친동생에게 뇌물을 주는 등 로비를 하여 LH가 대장동 개발사업을 포기하도록 하였다. 그러면 당연히 민간개발이 허가될 줄 알았으나, 이재명 시장이라는 해결불능의 복병을 만난 것이다. 이들도 집요했다. 이재명 시장이 공영개발을 선언하자, 대장동 일당은 당시 한나라당이 다수인 성남시의회에 로비를 하여 공영개발에 필요한 4,600억 원의 지방채 발행이 거부되도록 했다. 그러나 이재명 시장이 누구인가? 성남시의회의 반대로 공영개발을 위한 지방채 발행이 불발되었음에도 불구하고, 이재명 시장은 민간개발을 허가하지 않고 민관합동개발이라는 새로운 카드를 꺼내들었다.

둘째, 대장동 일당은 '1공단 공원화 사업과 대장동 개발사업을 결합개발로 하지 말고 분리해달라'고 희망했으나 이재명 시장은 결합개발을 추진했다. 이재명 시장이 결합개발을 하지 않았다면 '1공단 공원화 사업비'를 마련할 수 없었을 것이고, 결국 '1공단 공원화'는 성공하지 못했을 것이다. 지금 성남시 시민들이 이용하고 있는 '성남 1공단 근린공원'은 이재명 시장의 '결합개발 추진'이라는 확고 부동한 결단 때문에 가능했던 것이다.

셋째, 대장동 일당은 '토지 보상 방식을 수용방식이 아니라 환지
방식으로 해달라'고 희망했으나 이재명 시장은 환지방식을 거절하
고 수용방식을 추진했다. 수용방식은 돈으로 보상을 하는 방법이
고, 환지방식은 토지로 보상하는 방법이다. 환지방식은 토지가 수
용된 토지주에게 보상금을 지급하는 대신 개발구역 내 조성된 땅
(환지)을 주는 토지보상방법이다. 주로 민간사업자나 재개발조합
에서 시행하는 개발 방식이다. 환지방식이 적용되면 시행자는 공
사 완료 후 환지계획에 따라 종전의 토지에 갈음하여 새로운 환지
를 교부하고, 그 과부족에 대하여 금전으로 차액을 청산하게 된다.
환지방식을 채택하게 되면 당장은 보상금을 지급할 필요가 없지만,
1공단 공원화 사업의 경우에 전체 부지를 공원으로 사용해야 하기
때문에 환지방식에 맞지 않다. 따라서 환지방식을 채택한다는 것은
1공단 공원화를 포기하는 것과 같다. 1공단 공원화에 대한 강력한
의지를 가지고 있던 이재명 시장이 환지방식을 수용한다는 것은 있
을 수 없는 일이었다.

2013. 11. 5. '대장동·1공단 결합 도시개발사업 타당성 검토 및
구역지정 용역 중간보고회'에서 용역을 맡은 삼한이 작성한 중간보
고 예상 질문 답변서를 보면, "수용, 사용방식이 SPC가 사업주체가

되어 추진되며 개발이익의 1공단 공원 조성의 재원활용이라는 결합개발의 취지를 살리기 위해서는 가장 현실적인 사업추진대안으로 판단됩니다.", "환지방식의 경우 1공단 공원개발 및 법원검찰 청사의 개발은 수익확보가 어렵기 때문에 1공단지역의 환지적용은 어려울 것으로 판단되며, 결합개발의 경우 대장동만 환지방식을 추진하면 1공단 공원개발 재원확보 부족 및 토지주들의 감보율 증가로 각종 민원 우려가 예상되어 현실적으로 혼용방식은 적용이 어려울 것으로 판단됩니다. 따라서 환지방식의 추진을 위해선 결합개발을 포기하고 대장동만 단독으로 도시개발사업을 추진해야 합니다"라고 기재되어 있다. 용역사의 검토 의견은 수용방식이 타당하고, 환지방식, 혼용방식은 현실성이 없다는 것이다. 그럼에도 불구하고 유동규는 남욱 등 대장동 일당을 대변하여 환지방식을 지속적으로 주장하였다.

넷째, 대장동 일당은 '아파트를 지을 구역계를 자신들의 땅 중심으로 그려진 구역계로 해달라'고 희망했으나 이재명 시장은 거절했다. 이들은 자신들이 매입한 토지에 산 능선이 포함되어 있었는데, 이 능선까지 포함하여 구역계를 지정해달라고 희망한 것이다. 아파트를 지을 수 없는 산 능선을 포함해달라는 요구는 부당하다. 이재명 시장은 이들의 요구를 거절하고 산 능선을 제외하고 구역계를 지정했다. 대장동 일당이 요구한 구역계는 부채꼴 모양이고, 성남시가 채택한 구역계는 손가락 모양이다. 대장동 일당은 환지방식을 원했는데, 도시개발법상 환지를 위해서는 토지면적의 3분의 2 이상에 해당하는 토지 소유자와 그 지역의 토지 소유자 총수의 2분의 1 이상의 동의를 받아야 했다. 대장동 일당은 자신들이 매입한 토지가 많이 포함되어야 환지요건을 갖출 수 있었으나 자신들의 구역계가 받아들여지지 않아 환지요건을 갖출 수 없게 되었다. 대장동 일당은 산 능선까지 포함하여 토지를 사들였으나 산 능선이 구역계에서 배제되어 토지 보상을 받을 수 없어 큰 손해를 보았다.

다섯째, 대장동 일당은 '민관합동개발을 하더라도 SPC를 구성할 민간사업자로 자신들을 지정해달라'고 희망했다. 그러나 이재명 시장은 공개경쟁입찰을 통해 사업자를 지정하도록 결정했다. 그리고 언론에 널리 보도케 하여 공개경쟁입찰이 성공하게 만들라고 지시했다.

나는 2023. 5. 9. 법정에서 유동규 본부장에게 위 5대 희망사항에 대하여 신문했다. 나는 이 신문을 할 때 유동규 본부장이 회피성 증언을 하면 어쩌나 은근히 걱정을 했으나 그는 제대로 진술을 했다. 유동규 본부장은 전반적으로 검찰의 요구에 맞춰서 진술을 했지만, 미리 예상하지 못한 질문이 나오면 때로는 일종의 주인공 의식이 발동하여 변호인 측에 도움이 되는 증언을 하기도 하는데, 이 진술이 그런 진술이다.

【2023. 5. 9. 제8회 공판기일 증인 유동규에 대한 증인신문 녹취서】

변호인 이건태(피고인1.을 위한)
　　증인에게

● **민간개발**

문　　남욱 등 민간업자들은 민간개발을 원했지만 들어주지 않았고, 공공개발을 추진했다가
　　　성남시의회가 반대했음에도 민간개발을 해주지 않고 민관합동개발을 했지요.

답　　예, 민관합동개발 했습니다.

문　　취지는 애초에 남욱 등 민간업자들은 민간개발을 허가해 달라고 요청했던 것이지 않습
　　　니까.

답　　애초에 민간개발 해 달라고 했지만 나중에 공공개발 하더라도 환지방식으로 해달라고
　　　요청했던 겁니다.

문　　민간개발을 허가해 달라고 했는데 그걸 들어주지 않았지요.

답　　예, 않았지요.

● **분리개발**

문　　정리를 다시 해서, 남욱 등 민간사업자들 그다음에 증인은 결합개발을 반대했는데, 이
　　　재명 시장이 결국 결합개발로 갔다는 것 아닙니까. 그렇지요.

답　　예, 맞습니다.

● **환지방식**

문　　남욱 등 민간업자들은 환지방식을 원했지만 들어주지 않고 수용방식으로 결정했지요.

답　　예.

● **구역계 지정**

문　　남욱 등 민간업자들은 자신들이 요구하는 구획, 이른바 부채꼴 모양의 구획을 지정해
　　　달라고 했지만 들어주지 않았고, 성남시가 다른 구획, 이른바 손가락 모양으로 구획계
　　　를 지정했지요.

답　　그 손가락 모양 구역계가 애초부터 뭐냐면, 부채꼴 이렇게 말씀하시고 그건 처음 들어

보는 내용이고요, 지금 재판 중에서도. 손가락 모양이라는 게 왜 그러냐면 그 땅들이 임야 대지 같은 데, 산들 있지요. 개발할 수 없는 산들을 포함시킬 수는 없잖아요. 그래가지고 민간업자들 같은 경우도 아마 그런 비슷한 것으로 그랬는데, 다만 차이가 뭐냐면 개발하는 데 도로용지 있잖아요. 큰 대로 주변 땅은 굉장히 비싸기 때문에 민간사업자들은 그 땅을 좀 제외했었고, 제가 알기로는. 그다음에 성남시는 그 땅을 포함을 시킨 겁니다. 그쪽에 약간 차이가 있습니다.

문 설명을 하실 게 아니라 제가 묻는 것은 남욱 등 민간업자들이 요구했던 구획계로 지정해 주지 않고, 성남시가 남욱 등 민간업자들이 요구하는 구획계를 들어주지 않고 성남시가 별도의 구획계를 지정했다는 걸 인정하시나요.

답 그건 당연히 그렇습니다.

● 사업자 지정 ─────────────────────────────

문 남욱 등 민간업자들은 수의계약으로 자신들을 사업자로 지정해 주기를 원했지만, 들어주지 않고 공개입찰을 하도록 했지요.

답 입찰하게 했습니다.

나는 유동규가 5대 요구사항을 이재명 시장이 모두 거절했다는 사실을 인정하는 증언을 하자, 언론과 국민에게 "5대 요구사항 거절"을 인식시킬 필요가 있다고 생각하였다. 그래서 "5대 요구사항"이라고 규정하여 확인 신문을 했다. 그랬더니 언론도 '5대 요구 거절'을 보도했으며, 지금은 이재명 시장이 대장동 일당의 '5대 요구사항'을 거절했다는 사실이 널리 인식되어 있다. 그런데 주의할 점은 '요구사항'이라는 용어는 언론과 국민에게 쉽게 인식시키기 위해 내가 즉석에서 만든 용어이고, 그 실체는 '5대 희망사항'이 정확한 표현이라는 점이다.

이날 재판에서 재판장도 대장동 일당의 5대 요구사항을 이재명 시장이 하나도 들어주지 않았다는 사실에 주목하여 유동규에게 재차 질문하였다.

정진상측 "李, 대장동일당 '5대 요구' 거절...돈 받았다면 들어줬어야"

김근욱 기자 | 입력 2023. 5. 9. 14:40

(뉴스1 2023. 5. 9.)

이 5대 요구사항 거절 이외에도 이재명 시장이 대장동 일당과 결탁되지 않았다는 명백한 증거들이 있다.

이재명 시장은 2013. 7. 1. 이른바 '비버리힐스' 기자회견을 했다. 대장동을 비버리힐스처럼 저밀도 개발을 하게 되면 아파트를 지어서(즉, 고밀도 개발을 해서) 돈을 벌겠다는 남욱 등 민간사업자들의 요구사항과 완전히 배치된다. 이재명 시장이 남욱 등 민간사업자들과 결탁이 되어 있었다면 비버리힐스 기자회견을 했을 리가 없다.

성남시는 2014. 5. 30. 결합도시개발사업 구역지정 고시를 했는데, 이때 대장동 일당이 반대하는 결합개발, 손가락 모양의 구역계를 지정했다. 이때는 2014. 6. 지방선거를 코앞에 둔 시점이었다. 만약 정진상 정책비서관, 김용 시의원이 유동규로부터 선거자금 명목으로 뇌물을 받았다면, 그리고 이재명 시장이 대장동 일당과 결탁이 되어 있었다면 선거를 한 달 앞둔 시점에서 대장동 일당의 이익에 반대되는 행동을 했을 리가 없다.

2015. 3. 대장동 개발사업 사업자 지정이 있었고, 2016. 11.경 본인가가 있었다. 이때 이재명 시장은 민간사업자에게 추가로 1,120억 원을 부담시켰다. 이때 김만배가 이재명 시장을 대해 '공산당'이라고 비난했던 것이다. 만약 이재명 시장이 대장동 일당과 결탁이 되어 있었다면 1,120억 원을 추가로 부담시켰을까?

녹취록

정영학 녹취록이 무죄를 말해준다.

정영학 녹취록*은 2012년부터 2021년까지 정영학이 김만배, 남욱 등 대장동 일당 간의 대화를 녹음한 것이다. 이 당시는 그 시기에 따라 대장동 일당이 사업자가 될지 여부를 알 수 없는 때였고, 대장동 개발사업의 성공 여부도 알 수 없었던 때였고, 김만배, 남욱, 정영학 사이에서 지분 분쟁이 생기기 전이었고, 대장동 사건이 터지

● 정영학 녹취록은 검찰이 검찰 속기사를 통해 작성한 녹취록이 있고, 뉴스타파가 공개한 녹취록이 있다. 변호인단이 검토한 결과 양자는 미세한 부분을 제외하고는 일치했다. 이 책에서는 뉴스타파가 공개한 내용을 소개한다. 왜냐하면 뉴스타파가 공개한 녹취록은 정영학의 자필 메모가 기재되어 있기 때문이다.

기 전이었다. 따라서 정영학 녹취록의 내용을 모두 믿을 수는 없겠지만, 상당한 증거가치가 있는 객관적 증거인 것은 분명하다.

정영학 녹취록을 보면, 이재명 시장, 정진상 정책비서관이 등장하지 않는다. 오히려 유동규, 김만배, 남욱, 정영학 간 대화 내용을 종합하면, 대장동 사건은 김만배, 남욱, 정영학이 유동규 본부장을 매수하여 민간사업자로 지정을 받은 성남도시개발공사의 부패 사건임이 명백하다. 정영학 녹취록을 보면, 이재명 시장, 정진상 정책비서관, 김용 시의원은 대장동 사건과 무관하다는 사실이 적나라하게 드러나 있다. 검찰이 의도적으로 이 객관적 사실을 무시하고 있을 뿐이다.

그러면 정영학 녹취록에서 대장동 사건이 이재명 시장, 정진상 정책비서관, 김용 시의원과는 무관하다는 사실을 알 수 있는 대목, 유동규 본부장의 단독범행이라는 사실을 알 수 있는 대목을 살펴보자.

(2013.3.20.자 녹취록)
유동규가 남욱에게 뇌물을 요구했다는 말을 남욱이 정영학에게 전달한다.[*]

● 정영학 녹취록에서 수기로 작성한 것은 모두 정영학의 자필이다.

남 욱	한 2주만 되겠냐 이러던데. → 유동규가 남욱에게 돈을 요구하여 그 주건을 지칭함
정영학	예? 예?
남 욱	'2주면 되겠냐?'
정영학	2주? 지금부터?
남 욱	예
정영학	헐~
남 욱	일단 제가 일단 오케이 했습니다 형님. 지금 술 먹으러 와서.
정영학	시간을 벌어야지. 시간을 조금만.

(2013. 3. 20.자 녹취록)

유동규는 남욱에게 '나 도와주고 내 자리 지켜줘라 그러면 의리 안, 의리 지키고 너 끝까지 책임질께 내가'라는 취지의 말을 하였다.

남 욱	그런.. 하여튼 그래서 오늘 전화하신 줄 알았습니다 그랬더니, 그 검사 겸사 했는데, 많이 떠도 보고 재도 보고 했다, 같이 하자~ 너마다.
정영학	오케이 오케이. 요번에 힘 있잖아요
남 욱	예. 나 도와주고 내 자리 지켜줘라 그러면 의리 안, 의리 지키고 너 끝까지 책임질께 내가. 취지는 그겁니다
정영학	오케이. 잘 알겠습니다 파이팅

(2013. 3. 21.자 녹취록)

남 욱 그런데 형 진짜 시장님이 왜 그렇게 (우리를) 싫어하세요. 그렇게 싫어하세요.

유동규 졸라 싫어하지, 니네.

남   욱   그 정도 신뢰는 있어서 내가 얘기하는 거다 여태 지켜봤고, 그래서 형님, 알겠습니다. 준비하겠습니다 했는데, 그리고 나서 인제 그런 사업적인 얘기를 쭉 하고 대장동 관련 얘기를 하면서 차 타고 올라오면서 제가 그랬어요. 시장님이 그런데, 형 그런데 시장님이 진짜 왜 이렇게 싫어하세요? 그랬더니, 졸라 싫어하지 니네.

(2013. 3. 21.자 녹취록)

유동규 다른 놈들 돈은 됐고. 사고 나니까. 이거는 2층도 알아서는 안 되고, 그 다음에 너(남욱) 말고는, 니 부인도 알아서도 안 되고, 우리 둘만 평생 갖고 가. (2층은 이재명 시장, 정진상 정책비서관이 근무한 사무실 위치임)

남   욱   예. 도와줬으면 좋겠는데, 다른 놈들 돈은 됐고 사고 나니까.

정 영 학   사고 안나면 흔들어 봤자야   )남욱

남   욱   예. 이거는 2층도 알아서도 안되고, 그다음에 너 말고는, 니 부인도 알아서도 안되고, 라고 얘기를 하면서, 우리 둘만 평생 갖고 가.

유동규 (남욱에게) 전화기 하나 만들어 와. 나하고 둘이만 비밀통화하게. 두 대를 만들어 와서.

남   욱   바로 잡아봤으니까, 그러면서 전화기 하나 만들어 와라.

---

180   ·대장동의 진실

정 영 학	오케이 오케이.

남　　욱	전화기 하나 ~~만들어 와~~ 저걸로. 나하고 둘이만 비밀통화하게.· 두 개 만들 어와서,,
정 영 학	일단 그러면 결합은 확실히 안하는 거네요?

남　　욱	그런거 걱정하지 말고 그냥
정 영 학	오케이
남　　욱	원안을 다 얘기해. 다 해줄테니까. 다 얘기하고. 그 대신 공식적으로는 너를 쪼을거야 내가.
정 영 학	아, 오케이.

(2013. 4. 1.자 녹취록)

유동규는 2013. 4. 1. 남욱에게 급하다고 하면서 '한 개 반' 즉 1억 5천만 원을 요구하였고, 남욱이 현금화가 어렵다고 하면서 0.7개 즉 7천만 원만 당장 가능하다고 하자, 다음날 강남 룸살롱에서 8시경 7천만 원을 전달받기로 하였고, 2013. 4. 2. 남욱으로부터 7천만 원을 받았다.

유 동 규	어.
남　　욱	되는 대로. 되는 대로.
유 동 규	어.
남　　욱	예, 예.　 2013. 4. 2.
유 동 규	일단 내일, 내일은 일부 좀 해봐.
남　　욱	내일이요?

유 동 규   응.

남   욱   내일.. 아.. 내일.. 내일 필요하신 건가요? 일단 준비를 어느 정도 그럼 내일..

유 동 규   스캐줄을 좀 맞췄났다고 내가. 단 데 얘기해가지고. 응?

남   욱   예예.

유 동 규   그러니까 일단 내일.. 음.. 니가 어느 정도 되는데?

남   욱   한 뭐.. 뿌리긴 뿌려놨는데, 현금 만들기가 좀 시간이.. 출처 없이 흔들려면 뫠 걸리죠 형님. 왜냐면 세금처리 해야 되는 것들은 세금처리해서 인건비로 멜고 막 몰라야 돼.

유 동 규   그렇지. 그렇지. 그렇지. 그렇지.

남   욱   예예. 그렇게 해야 되니까 시간이 좀..

유 동 규   응. 니도 절대 안하는구나.

유 동 규   그거는 내가 알아서 할 거고. 왜냐면,

남   욱   예. 그리고 또 상의드릴 게 뭐냐면, 이게 그때 말씀하셨던 게, 다른 게 문제가 아니고 뭐가 문제냐면, 이게 덩치가 있으니까 이 뭐야 저기, 출처 없이 만드는데 약간 애로가 좀 있어서 시간이 좀 걸리는, 급하시면 얼마나 급하신 거예요 형님? 이게 깔끔하게 처리를 할려니까 듣리다 보니까.

유 동 규   어.

남   욱   그런데 형님 좀 급하시..

유 동 규   나눠 그러면.

남   욱   아, 나눠서 좀 할까요?

유 동 규   어쨌든 내일.. 응?

남   욱   예, 예.   ⟶ 1억5천만원

유 동 규   내일은.. 내일 한 개 반은 되나?
　　　　　　　나눠 4.2

남   욱   그렇게까지는 좀 어려울 것 같은데요. 그렇게까지 현금 못 만들었는데.

유 동 규	얘기를 해봐.
남　욱	아니요. 지금 만든 게 한, 뭐 한 0.7 0. 7천 몇백만원 지금 만들었는데.
유 동 규	응.
남　욱	계속 만들고 있거든요.,
유 동 규	0.7?
남　욱	예.

(2013. 4. 17.자 녹취록)

유동규　(남욱에게) 죽어도 같이 죽고 살아도 같이 살아야지. 이제 평생.

남　욱　예. '죽어도 둘이 같이 죽고 살아도 같이 살아야지. 이제 평생'
'무슨 말씀인지 압니다, 형님'
그랬더니 '그래, 니 알아서 잘 해라' 그렇게 얘기하고.
그다음에, 일 얘기를 꺼내더라구요.
니 동업자가 얘기하는데 내가 답을 안해줄 수가 없어서, 그날 만배형이
가고 나서 얘기를 한참 했다. 그런데 이거는 그날도 내가 명백하게 얘기
했지만, 대장동에 관심없다. 그런데 (내가) 시장님 설득할 수 있고, 어쨌든
그 부분에 대해서는 (내가) 결정할 문제 아니냐, 최종적으로.
뭐가요? 그랬더니, SP를 만들든 다른 방법으로 가든 세금문제가 있다고
하니, 그래 그런 부분들은 협의해서 좋은 쪽으로 하면 될 거 아니냐. 걱
정하지 마라. 형 믿어라. 그리고 저쪽은 무조건 수용할 거다. 1공단은.
1공단은 무조건 수용할 거다. 거기서 나는,

유동규

(2013. 4. 30.자 녹취록)

유동규　(남욱에게) 너랑 나랑 한몸이 됐는데 뭐가 문제냐.

　3부 대장동 사건이 무죄인 핵심 이유

유동규와 남욱의 대화를 살펴보면, 유동규가 이재명 시장, 정진상 정책비서관 몰래 남욱과 부정거래를 했다는 사실이 명백하다. 검사가 대장동 사건에 관하여 공소유지를 하기 위해서는 객관적인 증거인 정영학 녹취록을 넘어서야 하는데, 내가 보기에 그것은 불가능해 보인다. 대한민국 판사가 그렇게 호락호락하지 않다.

유동규는 이재명 시장에 면종복배했다

남욱 등 대장동 일당은 민간개발을
요구했으나 공영개발을 하겠다는
이재명 시장의 반대에 부딪혔다.

유동규는 2022. 9. 29. 피의자신문조서에서, 2012. 2. 21.경 한나라당 성남시의원 최○○의 제의를 받고 이재명 시장, 정진상 정책비서관에게 보고도 없이 독자 행동으로 대장동 마을회관을 방문하여 주민설명회를 하였고, '도시개발공사가 설립되어 주민과 공동사업으로 가야 한다.', '도시공단설립 조례가 통과되면 주민추진위원회와 협의하여 SPC법인을 만든다. 그래서 주민추진위와 협의하여 공동사업을 진행한다'고 발언했다고 진술했다.

유동규는 주민설명회에 가기 전, 후에 이재명 시장, 정진상 정책
비서관에게 보고하지 않았다. 유동규는 "보고도 없이 독자적으로
주민설명회에 참석하여 위와 같이 공동사업을 주민들에게 약속하
기 전에 원주민들의 사업 참여 및 개발이익 분배 등에 대한 검토가
이루어지지 않았고, 주민들을 사업에 참여시키는 것은 사실상 불가
능했다. 환지방식으로 한다고 해도 주민들이 사업에 참여할 경우
사업진행이 상당히 어려워진다. 공사 설립에 대한 지지를 얻기 위
해 어쩔 수 없이 한 말이다. 주민들 앞에서 거짓말을 한 것이다. 민
간합동개발을 말하기는 했지만 '민'의 의미는 사실상 사업자이고,
주민들은 '민'을 주민을 생각했을 텐데 다소 생각이 달랐던 것 같
다"고 검찰에서 진술하였다. 유동규는 '남욱 등 대장동 일당은 대장
동 개발사업에서 대장동 원주민(추진위원회)들을 배제하고 싶어 했
다'고 검찰에서 진술했다.

　유동규는 남욱 등 대장동 일당의 이익을 위하여 이재명 시장, 정
진상 실장에게 보고도 없이 독자행동을 하였고, 유동규와 남욱 등
대장동 일당은 대장동 주민들을 속인 것이다. 2012. 2.경 당시 남욱
등 대장동 일당은 부산저축은행 영업정지 등 금융당국의 조치에 따
라 예금보험공사에 의해 대장동 토지에 대하여 강제집행이 들어올
위기에 처해 있었다. 예금보험공사의 입장이 어땠는지는 정확히 알
수 없으나 대장동 개발이 안 된 상태의 토지를 강제집행하는 것보

다는 개발이 확정된 토지의 보상금에 대해 강제집행하는 것이 훨씬 더 유리하다고 판단했을 것으로 보인다. 남욱 등 대장동 일당은 자신들이 확보한 대장동 토지가 헐값에 강제집행을 당하는 위험을 회피하려면 하루속히 대장동 개발사업이 착수되어야만 했다. 이재명 시장이 민간개발을 허가할 것 같지 않고, 그렇다고 민관합동개발을 반대했다가 그마저도 안 되면 결국 예금보험공사에 의해 헐값에 강제집행을 당해 토지에 대한 모든 권리를 잃고 파산할 것이 명확하기 때문에 계속하여 민간개발 허가를 요구하면서도 이재명 시장에 저항할 힘은 없었던 것 같다.

남욱 등 대장동 일당은 민간개발을 요구했으나 공영개발을 하겠다는 이재명 시장의 반대에 부딪혔다. 남욱 등 대장동 일당은 한나라당이 다수이던 성남시의회에 로비를 하여 이재명 시장이 공영개발을 위해 요구한 지방채 발행을 부결시켰다. 그럼에도 불구하고 이재명 시장이 민간개발을 허가하지 않고 공영개발의 대안으로 민관합동개발을 추진하자 예금보험공사에 의한 강제집행 우려 때문에 더 이상 버틸 힘을 잃고 어쩔 수 없이 따를 수밖에 없었던 것으로 보인다. 검찰은 마치 이재명 시장이 남욱 등 대장동 일당의 용인 또는 내락을 받고 민관합동개발을 추진하고, 수용방식을 채택한 것처럼 말도 안 되는 억지주장을 하고 있다.

유동규는 이재명 시장의 수용방식 방침에 위배하여 지속적으로 환지방식을 주장했다. 유동규는 '대장동 주민들과 민간사업자들이 원하는 환지방식이 합리적이라고 생각했다'고 법정에서 증언했다.

유동규는 남욱에게 "도시개발공사를 안 만들어주면 이재명 시장 임기가 끝날 때까지 2년을 기다려서 이재명이 재선되지 않기를 바라거나, 아니면 6년(남은 임기 2년에 재선되면 4년을 포함)을 더 기다려라. 시장은 절대 말을 듣지 않는다. 일단 공사를 설립해서 주도권을 가져오자"라고 말했다는 취지로 검찰에서 진술했다. 유동규가 남욱에게 이런 말을 했다는 사실이 놀랍다. 이 말을 보면 유동규가 과연 이재명 시장에게 성의를 다한 사람인지 의문을 갖지 않을 수 없다.

2013. 12. 19. 성남시청 사업추진과와 성남도시개발공사 김○○ 부장 등 회의에서 성남도시개발공사는 환지방식 추진을 주장했다. 김○○ 부장 등은 유동규의 뜻에 따라 환지방식을 주장한 것이다. 성남시 사업추진과는 성남시가 수용방식을 추진하고 있음에도 성남도시개발공사가 환지방식을 계속 주장하자 성남도시개발공사에 성남시 방침을 이행할 것을 요구했다.

변호인단이 "성남시의 수용방식 방침에 반하여 환지방식을 지속적으로 주장한 것은 유동규 본부장이 남욱 등 대장동일당으로부터 돈을 받아서 그 요구를 거절할 수 없어서 그런 것 아닌가?"라고 신문하자 유동규는 "그런 부분도 무시할 수 없을 거라고 생각한다"라고 시인하였다.

유동규가 환지방식을 지속적으로 주장한 것과 관련하여, 남욱은 '2014. 1.~ 2.경 이재명 시장은 수용방식 입장이었고, 유동규는 혼용방식으로 진행하는 것으로 이재명 시장을 설득하겠다고 했다'고 검찰에서 진술했다.

유동규는 "저는 혼용방식을 계속 주장했는데, 성남시는 혼용방식으로 사업을 할 경우 1공단 공원화를 할 정도의 사업성이 확보되지 못하므로 중간보고회 이전에 수용·사용방식으로 결정한 것으로 알고 있다"고 검찰에서 진술했다.

검찰과 일부 언론은 유동규가 이재명 시장의 핵심 측근이라고 주장한다. 그러나 유동규는 이재명 시장의 측근이 아니었다. 유동규는 이재명 시장의 중요 의사결정 과정에 참여하지 못했다. 그리고 이재명 시장의 방침에 어긋나게 1공단 공원화 사업과 대장동 개발 사업의 결합개발에 반대하여 분리개발을 주장했고, 수용방식에 반대하여 환지방식을 주장했다.

대장동 개발과 관련하여 가장 중요한 의사결정이 1공단 공원화 사업과 대장동 개발사업을 결합개발로 추진하기로 한 결정이다. 그런데 이 의사결정 과정에 유동규는 배제되어 있었다. 유동규는 이재명 시장이 2012. 6. 27. 1공단 공원화 사업과 대장동 개발사업을 결합개발하겠다고 발표한 언론보도를 보고 사후에 그 사실을 알았다.

변호인   증인은 검찰에서 '저는 진상이형 통해서 결합개발에 대해 반대하는 입장을 전달했는데 당시 이재명 시장과 도시개발사업단 곽○○ 국장은 결합개발을 강력하게 추진하는 상황이었다'라고 진술했지요.

유동규   맞습니다.

변호인   이를 보면 이재명 시장이 결합개발 방침을 결정하고 발표하는 그 과정에서는 증인은 배제되어 있었던 것으로 보이는데, 어떤가요.

유동규   예, 그렇게 볼 수 있습니다.

유동규는 2022. 10. 3.자 피의자신문조서에서 2012. 6. 27. 이재명 시장이 결합개발 방침을 발표했을 때 남욱이 '앞으로 어떻게 하나'라고 묻자 "결합개발이 안 된다. 전국적으로 사례가 없는데 되겠냐. 공사도 없는데 결합개발을 어떻게 추진하겠냐. 그리고 공사가 설립

되면 공사가 주도권을 잡지 않느냐. 그 이후엔 공사가 용역을 통해 사업방식을 결정할 텐데 왜 미리부터 걱정이냐"라고 답변했다고 진술했다.

유동규는 이재명 시장이 결합개발 방침을 발표한 이후에도 결합개발을 번복시키려고 시도했다. 유동규는 2022. 10. 3.자 피의자신문조서에서 이재명 시장의 2012. 6. 27.자 결합개발 발표 기자회견문을 보고 결합개발방식의 실현가능성을 분석하고 대장동 주민들의 반대동향을 파악하여 성남시에 보고하려고 기술지원TF 직원들에게 "시장님 기자회견문 검토", "대장동 주민동향 파악"을 지시했다는 취지로 진술했다. 즉, 유동규는 남욱 등 대장동 일당의 이익을 위하여 이재명 시장의 핵심 정책인 결합개발을 뒤집으려고 반대 논리와 증거를 확보하는 작업을 했던 것이다.

남욱은 2021. 10. 21.자 검찰 대질 조서에서, "유동규는 그때 도시개발공사가 설립되면 유동규 자신이 공사에 가서 기획본부장으로서 대장동 사업을 주도하고, 의사결정을 다 할 것이다. 유동규가 저에게 그렇게 얘기를 하면서 돈도 달라고 하고, 도시공사를 만드는 것도 도와달라고 했습니다. 그래서 제가 돈도 주고, 도시공사를 만드는 것도 도와줬습니다. 그리고 실제 도시공사가 만들어지고 나서 유동규가 의사결정하는 자리에 올랐습니다", "성남시가 인허가권을 갖고 있지만, 실질적으로는 공사에서 모두 결정을 합니다"
라고 진술하였다. 남욱의 진술을 볼 때, 성남시가 인허가권을 가지
고 있지만 실질적인 결정은 성남도시개발공사에서 유동규가 했던
것이다.

유동규가 검찰과 법정에서 한 위와 같은 진술을 종합해보면, 유
동규는 남욱 등 대장동일당으로부터 뇌물을 받고 남욱 등 대장동
일당의 앞잡이 역할을 했을 뿐이고, 이재명 시장의 뜻에 따르는 사
람이 아니었으며, 이재명 시장에게 '면종복배'했다는 사실을 알 수
있다.

대장동의 진실

안 좋은 마음먹지 말고
통화하자 동규야

정진상 실장은 유동규를 계속 위로하였던 것이지,
증거를 인멸하라고 말하지 않았다.

정진상 실장은 대장동 사건이 언론에 대서특필되자, 처음으로 화천대유, 천화동인, 남욱, 정영학 등의 명칭과 이름을 듣게 되었고 유동규, 김만배가 관여된 것으로 보도가 되자 도대체 어떻게 된 일인지를 파악하기 위하여 유동규에게 여러 번 전화를 하여 물어보게 된다.

정진상 실장은 대장동과 관련하여 연일 뉴스가 나오고 그 내용이 처음 들어보는 내용들이어서 유동규에게 계속 전화하여 어떻게 된 일인지를 물어보았다. 유동규는 자신은 억울하고 언론이 자신의 해명을 믿어주지 않고 프레임을 만들어서 공격하고 있다고 정진상 실장에게 호소하였다. 그래서 정진상 실장은 유동규에게 그렇다면 언론사를 정해서 인터뷰를 하라고 제의하였고, 유동규가 동의하였다.

정진상 실장은 지인을 통해서 오마이뉴스 김○○ 기자를 유동규에게 소개했다. 유동규는 2021. 9. 28. 오후 3시경 김 기자와 통화하였고, 본인의 억울함을 말하였으며, 상세한 인터뷰를 위해 밤 9시경 수원 광교의 컨벤션센터 앞에서 만나자고 했다. 그러나 유동규는 그날 오후에 쏟아지는 자신에 대한 안 좋은 기사를 보고 급격히 심리가 불안정해진 것으로 보인다. 유동규는 김 기자와의 인터뷰 약속을 지키지 않았다. 김 기자는 유동규가 혹시 자살할지도 모른다는 생각이 들어서 소개했던 지인에게 연락을 했고, 지인이 정진상 실장에게 유동규의 신변에 이상이 있을 수 있으니 각별히 돌봐야 할 것이라고 말해주었다.

정진상 실장은 유동규가 혹시 자살할지도 모른다는 걱정에 그 이후 계속 전화도 하고 문자도 보냈다. 정진상 실장이 유동규에게 "동규야 안 좋은 마음먹지 마라"고 보낸 문자는 유동규가 자살할지도 모른다는 생각에서 보낸 것이다. 그러나 유동규는 아무런 답을 하지 않았다.

정진상 실장은 2021. 9. 29. 아침 8시경 유동규가 걱정이 되어 전화를 하였더니 유동규가 전화를 받았다. 정진상 실장은 유동규에게 '왜 기자와 인터뷰를 하지 않았냐', '지금 상태가 어떠냐'라고 물어봤고, 유동규는 당시 술과 수면제를 함께 먹은 상태에서 '그냥 죽어버리겠다', '딸을 부탁한다'라고 지속적으로 신변에 관한 얘기를 했다. 이에 정진상 실장은 유동규를 계속 위로하였던 것이지, 증거를 인멸하라고 말하지 않았다. 그런데 유동규가 전화 도중에 검찰에서 압수수색이 나온 것 같다고 말하면서 전화가 끊겼다. 이것이 이 사건의 진실이다.

유동규가 압수수색을 당할 때 수사관들이 옆에 있음에도 침대에 누워 있었다고 언론에서 보도하였다. 이것은 유동규가 수면제를 먹고 잠을 잤고 잠에서 덜 깨었기 때문일 것이다. 이 사실은 전날 정진상 실장이 유동규가 자살을 할지 모른다고 걱정했다는 점이 사실임을 입증해주는 정황이다.

실제 유동규는 구속된 이후인 2022. 4. 21.경 구치소에서 자살을 시도했다고 언론에 보도되었다. 이러한 점에 비춰보더라도 유동규가 당시 정진상 실장에게 극단적 선택을 암시하는 말을 하였음을 추론할 수 있다.

유동규, 구치소서 극단적 선택 시도…"처와 딸에게 미안해"

입력 2022-04-21 19:30:22   수정 2022.04.21 19:30:22   박동휘 기자

20일 오전 의식 혼미해 응급실행…이상 소견 없어 구치소 복귀
변호인 "유씨 유서 남겨…변론분리 요청서 제출"

🔊 뉴스듣기

(서울경제 2022. 4. 21.)

유동규는 휴대전화를 창밖으로 던진 것과 관련하여 2021. 9. 30.
"술 먹고 나와서 죽으려고 집어던진 것 같다"고 하면서 술 먹고 홧
김에 휴대전화를 던졌다고 이야기했으며, 유동규의 압수수색 장면
을 목격했던 건물 관계자는 "(유동규가 압수수색을 진행하는 동안) 침
대에 누워 있었다. 침대에 이불 덮고 우리가 제공해준 그대로 누워
있었다"고 진술하여, 유동규가 당시 정상적인 상태가 아니라 술에
취했거나 정신적으로 불안정한 상황이었음을 확인할 수 있다.

모습 드러낸 유동규 "술 먹어서 휴대폰 창 밖 던진 것" (조선일보 2021. 9. 30.)

유 전 본부장은 이날 한 언론 인터뷰를 통해서는 "(휴대전화를) 술
먹고 나와서 죽으려고 집어던진 것 같다"라며 화천대유 측에 막대
한 이득을 챙기게 한 대장동 개발사업의 설계자라는 의혹은 터무
니없다고 부인했다.

유동규는 자신의 사실혼 배우자에게 기존 휴대전화 파기를 부탁했다고 인정하는 내용의 자술서를 검찰에 제출하였다. 유동규는 자신이 직접 증거인멸지시를 한 점에 비추어볼 때 압수수색 때에도 본인 판단으로 증거를 인멸하기 위해 휴대폰을 버린 것이 분명하다.

유동규가 자신의 사실혼 배우자에게 증거인멸을 교사한 사실을 시인하는 자술서가 제출되자 해당사건의 담당 부장판사는 "유동규의 수사기록을 보니 자기가 구속되고 난 다음 검찰하고 딜을 하더라", "핸드폰을 갖다 줄 테니 불구속 수사하자고 하면서 핸드폰은 지인에게 맡겨놨다, 누군지는 말 못하겠다(는 부분이 나온다)"고 하였다. 또 "피고인(유동규의 사실혼 배우자)이 핸드폰을 깨서 버렸다고 하니 유동규가 화를 냈다는데, 버린 것을 갖다달라고 한 것도 이상하다"며 "사건의 사실관계 자체에 의문이 든다"라고까지 하였다.

유동규는 2021. 9. 28. 정진상 실장의 전화를 받지 않은 이유를 묻자 '왜 안 받았는지 정확히 나지 않습니다만, 당시 저는 술을 마시고 수면제도 이미 복용을 한 상태였던 것으로 기억합니다. 당시 제가 자살을 하려고 마음을 먹었거든요. 그래서 전화가 오는 것도 받지 않고 있었던 것 같습니다'라고 검찰에서 진술했다. 또한 유동규는 당시 김용 부원장과 통화하면서 자살을 암시하는 말을 했다고 검찰에서 진술했다. 유동규는 2021. 12. 8.자 피의자신문조서에서 정진상 실장이 '안 좋은 마음먹지 말고 통화하자 동규야'라고 메시지를 보낸 것은 "당시 김용에게 죽는다고 이야기 했더니 그와 같은 이야기를 전달하지 않았나 싶습니다"라고 진술하였다.

유동규는 2021. 12. 8.자 피의자신문조서에서 "화가 나서 던졌습니다. 정진상과 통화했던 내용이라던지, 죽으려고 했는데 깨어보니까 아침이었던 상황들이 너무나 짜증이 나서 전화기를 창밖으로 던졌습니다"라고 진술했다.

유동규의 진술과 당시 정황 등을 종합해보면, 정진상 실장이 유동규에게 "안 좋은 마음먹지 말고 통화하자 동규야"라고 한 말은 유동규가 극단적 선택을 할지도 모른다는 걱정 때문에 했던 말임이 명백함에도 검찰은 정진상 실장을 어떻게 해서든 구속시키기 위하여 구속사유인 '증거인멸의 우려'가 있다는 소재로 활용하려고 증거인멸죄로 의율했던 것이다. 이것은 검찰의 전형적인 수법이라고 할 수 있다. 검찰이 이재명 대표에 대하여 두 번째 구속영장을 청구할 때 영장범죄사실로 백현동 개발 사건, 대북 송금 사건만 기재하지 않고 위증교사 혐의를 추가한 것도 동일한 수법이다.

숲을 봐달라

검찰 진술서

귀 청의 소환에 응하여 아래와 같이 진술합니다.

이 사건은 기록으로 남을 것이므로 사건에 대한 진술에 앞서 저

- 이재명 대표는 서울중앙지방검찰청에 출석하면서 진술서를 작성하여 제출하였고, 그 진술서를 국민들에게 공개했다. 위 본문은 그 진술서다. 편견없이 이 진술서를 읽어보면 이재명 대표가 죄가 없다는 사실을 알 수 있을 것이다. 이재명 대표가 자신의 입장을 공개적으로 밝혔으므로 검찰이나 보수 언론은 이 진술서를 반박하는 주장을 할 법도 하다. 그러나 이 진술서에 대해 제대로 된 반박을 들어보지 못했다.

의 입장을 먼저 말씀드리는 점을 양해 바랍니다.

심장 없는 사람 없듯, 주권 없는 국가는 없습니다. 심장이 뛰지 않으면 죽은 목숨이듯, 주권이 제 몫을 찾지 못하면 죽은 국가입니다.

대한민국의 주권은 국민에게 있고, 모든 권력은 국민으로부터 나옵니다. 국민으로부터 주권이 박탈되거나, 주권자를 부당하게 억압하면 민주공화국은 죽은 것과 다름없습니다.

공권력, 즉 국민에게 명령 강제하는 국가권력은 당연히 이러해야 합니다.

첫째, 공권력 행사 특히 중립적이고 정의로워야 할 형사사법 권력 행사에서 편견과 사심을 끊어내야 합니다. 편견과 예단은 진실을 가리는 연기와 같아서 연기를 걷어내야 실체에 접근할 수 있습니다. 공권력이 제대로 작동하는지는 공권력 행사 주체가 타인에게 편견과 예단을 주는 행동을 하느냐 아니냐를 보면 알 수 있습니다.

둘째, 형사사법권은 오직 증거에 입각하여 행사되어야 합니다.

진실을 찾는 힘은 증거에서 나오는 것이지, 감각이나 추론에서 나오지 않습니다. 우리나라가 증거재판주의를 채택하는 이유도 이 때문입니다. 증거가 없음에도 여론을 동원해 혐의를 주장하는 것은 공권력의 비정상을 드러내는 것입니다.

셋째, 억압적 공권력 행사를 통해 세상을 바꾸려는 오만을 견제해야 합니다. 공권력은 공동체 유지를 위해 구성원의 생명과 안전을 지키고 질서를 유지하는 데 필요한 범위에서 최소한으로 사용되어야 합니다. "수사로 세상이나 제도를 바꾸려 하면 '검찰 파쇼'가 된다"라는 말은 시대를 막론하고 늘 되새겨야 할 경구입니다.

모든 검사가 하는 취임 선서에는 이런 선언이 담겨 있습니다.

"불의의 어둠을 걷어내는 용기 있는 검사, 힘없고 소외된 사람들을 돌보는 따뜻한 검사, 진실만을 따라가는 공평한 검사, 스스로에게 더 엄격한 바른 검사."

형사사법권을 제대로 행사하는 검사라면 이런 모습으로 평가받을 것입니다.

그러나 국민께서 작금의 상황에 대하여 다음과 같이 우려하십니다.

"언론 뒤에 숨은 비겁한 검사, 정적 제거에만 혈안이 되어 대통령 가족은 조사 않고 대통령 정적 제거에만 몰두하는 차갑고 불공정한 검사, 검찰 관계자들에게만 관대한 검사가 되고 있지 않는가?" 검찰 스스로 자문해야 할 때입니다.

검찰은 정치 아닌 수사를 해야 합니다.

법과 질서 유지에 최고의 권한과 책임을 가진 검찰이 권력자의 정적 제거를 위해 조작수사에 나서는 것은 용서받지 못할 일입니다. 검찰은 정치공작이 아닌 진실을 위한 공정수사에 매진해야 합니다.

참나무숲인지 소나무숲인지는 산에 올라 눈으로 보면 압니다. 소나무숲을 못 보게 막고, 다람쥐가 물어온 도토리, 날려와 쌓인 참나무의 잎과 가지를 모으고, 땅속에서 수백 년 전 참나무숲 시절의 흔적과 DNA를 찾아 참나무숲이라 선언한다 해도 참나무숲이 되지는 않습니다.

가짜뉴스와 조작수사로 잠시 속일 수는 있어도 영원히 진실을 감출 수는 없습니다. 지금까지 그랬듯이 엄청난 시간과 고통, 비용이 수반되겠지만 사필귀정할 것입니다.

순리와 진실의 힘을, 국민을 믿겠습니다.

역사와 대화하고, 소명을 되새기며 당당히 맞서겠습니다.

중립성을 잃고 이미 기소를 결정한 검찰은 진실과 사건 실체에 관심이 없습니다. 어떤 합리적 소명도 검찰의 결정을 되돌릴 수는 없을 것이고, 검찰은 이미 결정한 기소를 합리화하기 위해 진실을 숨기고, 사실을 왜곡하며, 저의 진술을 비틀고 거두절미하여 사건 조작에 악용할 것입니다.

그러므로 검사의 모든 질문에 대한 답변은 진술서로 갈음할 수밖에 없음을 양지하여 주시기 바랍니다.

대장동 택지개발사업 관련

1. 대장동 개발사업 추진 경위.

4부 숲을 봐달라

가. LH가 공공개발 중 대장동 일당이 강제수용 예정 토지를 대량 매수

대장동 일대는 판교 신도시 주변 토지로 개발압력이 높아 LH가 2005년경부터 공공개발을 진행 중이었습니다. 그런데 2009년 10월경 당시 이명박 대통령은 'LH는 수익 나는 개발사업에서 손을 떼라'는 취지의 지시를 하고, 국민의힘(당시 한나라당 이하 동일) 신○○ 국회의원은 2009년 국정감사에서 LH에 대장동 개발사업 포기를 종용했습니다.

이때쯤 대장동 투기 세력은 부산저축은행에서 부정 대출받은 약 1,800억 원으로 대장동 일대 토지를 시세의 2~3배 가격에 집중 매입한 것으로 알려졌습니다. 이들은 신영수 국회의원의 동생에게도 수억 원의 뇌물을 제공하며 LH의 공영개발 포기를 위한 로비를 하다 적발되어 처벌받았습니다.

나. 2010. 6. 말 LH가 돌연 대장동 공영개발 포기 선언

제가 성남시장에 당선된 직후인 2010. 6. 말경 LH가 대장동 사업을 포기하였는데 당시는 몰랐지만 대장동 일당의 로비 결과로 의심됩니다.

다. 성남시는 공공개발 추진 중 국민의힘 방해로 민관공동개발로 전환

저는 제5기 성남시장으로 당선된 후, 인허가권 행사로 생기는 불로소득을 민영개발을 통해 투기 세력이 독점하는 것은 부당하므로, 대장동을 공공개발하여 인허가권 주체인 성남시민에게 개발이익을 돌리는 게 합당하다고 판단해, 성남도시개발공사(이하 공사) 설립, 공공개발 자금 용도인 지방채 약 4,600억 원 발행을 추진했습니다.

그런데 국민의힘이 다수인 시의회가 지방채 발행을 반복적으로 부결하여 공공개발이 막혔습니다. 그렇다고 민간개발을 허가할 수는 없어 차선책으로 민간의 자금과 역량을 이용한 민관공동개발로 개발이익을 일부나마 환수하기로 했습니다.

라. 성남시의 민관공동개발은 철저히 시민이익을 위한 방향으로 추진

분당구에 비해 낙후된 성남 본시가지(수정구, 중원구)는 재개발을 통해 주거환경을 개선해야 했고, 그 방안 중 하나가 공장들이 빠져나가 비어 있던 1공단 부지를 공원으로 조성하는 것이었습니다.

1공단 공원화는 사업비 2~3천억 원이 필요했는데, 분당구 대장동을 먼저 개발하여 그 수익금으로 공원화 사업을 하려다가, 이후 대장동과 1공단을 하나로 묶어 동시 개발을 추진하였습니다.

2015. 2. 경 민간사업자를 경쟁 공모하여 3개 컨소시엄 중 하나은행 컨소시엄이 선정되었습니다. 공사는 25억 원만 부담하고 일체의 위험부담을 하지않고, 1조 3천억 원에 이르는 개발자금의 조달과 사업 시행, 사업 실패나 손실 발생 위험을 모두 민간사업자가 떠안는 한편, 민간투자자가 2,561억 원으로 1공단을 공원화하고, 공사에는 임대아파트 부지나 1,822억 원을 우선 배당하기로 하여 총 4,583억 원의 공익 환수를 확정하였습니다.

마. 1공단을 분리한 것은 정상적 사업추진을 위한 조치

사업자 선정 후 1공단 부지 문제로 여러 소송이 제기되어 사업의 표류나 심지어 실패가 우려되자 공사는 1공단 공원화를 분리해 별도 사업으로 하자고 했고, 시 공무원들은 먹튀 우려로 반대하였습니다.

의견 수렴 결과 2016년 초 두 사업을 분리하되, 대장동 사업자가 1공단 공원화 사업을 동시에 책임지고 진행하게 하였습니다. 1공단 공원화를 대장동 사업의 인가조건에 명시하고 사업 확약서와 부제소특약까지 받아 먹튀를 방지하였습니다.

바. 대장동 사업자에 1,120억 원대 추가 부담

2016년 말 실시계획을 인가하면서 성남시는 대장동 사업자에 게 920억 원 상당의 터널공사, 배수지, 진입도로를 만들어 기부 채납하도록 인가조건에 부가하였고, 그 외 1공단 지하주차장 공사비 200억 원도 추가 부담시켰습니다.

김만배 등은 추가 부담으로 이익이 줄자 저를 "x 같은 놈, 공산 당 같은 새끼" 등으로 거칠게 욕했다고 합니다. 제가 그들과 결 탁했거나 사업이익 일부를 취하기로 했다면 저의 이익을 줄이 는 일을 왜 하겠습니까?

2. 검찰과 언론의 잘못된 주장에 대한 의견입니다.

가. 천화동인 1호가 저의 것이라는 혐의에 대하여

이는 한마디로 터무니없는 모략적 주장입니다. 저는 천화동인

1호와 관계가 없고, 언론보도 전까지 존재 자체를 몰랐습니다. 개발사업의 민간사업자들은 천화동인 1호를 포함한 수익자들은 모두 SK증권 특정금전신탁 형식으로 들어왔다는데, 제가 그것을 알 수가 없습니다.

천화동인 1호는 화천대유의 100% 출자회사이고 화천대유의 주주는 김만배 씨라고 합니다.

제가 천화동인 1호의 실주인이 아님은 천화동인 1호 재산의 처분내용만 보아도 알 수 있습니다. 천화동인 1호는 대장동 개발사업에서 모두 2018억 원을 배당받았는데 배당이 이뤄지자마자 수백억 원이 김만배 씨의 대여금 형식 등으로 새나갔고, 주식투자나 부동산 구입에 수십억 원이 사용되었으며, 그중 일부는 손실 처리되었다고 합니다.

정영학 녹취록에서 김만배 씨가 유동규 씨에게 700억 원을 주겠다고 했다는데, 그 돈이 남아 있지도 않은 것 같습니다. 만일, 제 것이라면 김만배 씨가 천화동인 1호의 돈을 그렇게 함부로 써 버릴 수 있었을까요?

유동규 씨는 700억(428억 원)은 자신의 것이 아니라 제가 달라고 하면 주어야 하는 돈이라고 합니다. 결국 자신은 전달자에 불과하고 자신은 아무 몫이 없다는 것입니다. 정영학 녹취록에 따르면, 정민용 씨와 같은 부수적 역할을 한 사람이 100억 원을 받고, 김만배 씨 학교후배로 화천대유 실무를 챙기 이모 씨도 120억 원을 받는다는데 이들보다 큰 역할을 했다는 유동규 씨의 지분이 아예 없다는 것이 상식일까요?

제가 천화동인 1호 소유라는 주장이 허위임은 제가 민간사업자에 보인 태도를 보아도 알 수 있습니다. 뒤에 보는 것과 같이 저는 개발사업 도중에 민간사업자의 부담을 1,120억 원 추가했습니다. 정영학 녹취록을 보면 대장동 일당은 성남시가 부담시킨 추가부담금을 사업종료 후 소송을 해서 되찾아가려고 모의한 사실도 나옵니다. 이들이 욕을 하며 반발하고 나중에 소송을 통해 반환받으려고까지 한 추가부담금 부과는 천화동인 1호가 제 것이라는 것과 양립할 수 없습니다.

천화동인 1호의 재무상태나 추가이익환수는 검찰도 다 아는 것인데 이런 객관적인 증거를 무시하고 번복된 대장동 일당의 진술을 가지고 저의 소유라고 하는 것은 도저히 납득할 수 없습니다.

나. 배임죄는 시장이 의무에 반하여 시에 손해를 입히고 타인에게 이익을 주는 것입니다

대장동 개발과 관련해 시장의 배임이 성립하려면 시장의 의무에 반해 시에 손해를 입히고 민간사업자에게 이익을 주어야 합니다. 그런데 저는 투기세력의 이익을 위해 시에 손실을 입힌 것이 아니라 오히려 민간사업자에게 1,120억 원을 추가부담시켜 그들에게 손실을 입히고 시와 공사의 이익을 더 확보했습니다.

우리나라는 민간에 개발허가를 내주는 것이 당연시되고 있고 공공이 개발사업을 통해 수익을 내는 것은 부당하다는 시각까지 있습니다.

결론적으로, 개발이익을 100% 공공이 차지하는 공공개발이나, 개발이익을 일부 환수하는 민관공동개발은 시장의 의무가 아닙니다. 개발이익이 100% 민간이 귀속되도록 특정 개인에게 민간개발을 허가해도 적법하며 검찰은 부산시장, 양평군수, 제주지사가 부산 엘씨티, 양평 공흥지구, 제주도 오등봉지구에 민간개발을 허가해 개발이익을 100% 민간업자들이 취득한 것을 배임죄라 하지는 않습니다.

다. 투기세력의 바람에 반한 공공개발 추진

국민의힘 성남시의원들의 방해가 없었으면 대장동은 완전 공공개발로 개발이익을 100% 공공환수했을 것이고, 대장동 일당은 민간사업자 공모에 참여할 기회조차 없었을 것입니다. 제가 그들과 결탁했다면 공공개발이 아니라 그들의 소원대로 민간개발을 허가해주었을 것입니다.

불법 대출금 약 1,800억 원을 투입해 시가보다 높은 가격으로 토지를 매집하고 민간개발을 위해 불법 로비까지 하며 LH의 공공개발을 포기시켰던 대장동 일당은 제가 성남시장에 당선되어 공공개발을 추진하는 것이 청천벽력이었을 것입니다.

라. 저는 대장동 개발허가 과정에서 그들의 계획과 반대로 함

시의회의 반대로 공공개발은 못하게 되면서, 민간자금을 활용하되 공공이 주도하는 민관공동개발을 모색하였는데, 당시 대장동 주민들은 다음과 같은 요구를 했습니다.

① 개발사업지구를 LH가 신청한 지역이 아닌 주민들이 원하는 지역으로 지정해달라(이 경우 대장동 일당이 매수한 토지가 개발구

역의 80%를 넘어 그들이 사업자가 되는 즉시 잔여 토지의 강제수용이 가능하지만, LH 신청대로 지정하면 이들의 매수 비율이 50%대여서 사업자가 되어 강제수용하려면 토지를 추가 확보해야 함).

② 대장동과 1공단을 결합하지 말고 대장동만 따로 개발하라.

③ 대장동은 현금 보상하는 강제수용이 아닌 토지로 보상하는 환지방식으로 하라(이 경우 지주와 토지매수자가 개발이익을 대부분 차지).

④ 민관공동사업에 참여할 민간사업자를 공모하지 말고 주민들이 만든 대장동개발추진위를 지정해달라.

그러나 성남시는 객관적이고 합리적인 정책 판단에 따라 ① LH 신청대로 개발구역 지정, ② 대장동과 1공단 결합개발, ③ 강제수용, 경쟁 공모에 의한 민간사업자 선정으로 확정하였습니다. 이 결정 때문에 대장동 일당은 토지매수에 따른 기득권을 잃었고 그간의 모든 노력은 수포가 되었습니다.

대장동 일당은 최근 재판에서, 유동규에게 수억 원의 뇌물을 주고 위와 같은 청탁을 했지만, 청탁은 실패(받아들여지지 않았다)

했다고 증언했습니다. "성남시장을 상대로 십수 년간 로비(트라이)를 시도했지만 씨알도 안 먹히더라" "이재명이 합법적으로 우리 사업권을 뺏아갔다"는 남욱의 JTBC인터뷰나, "이재명이 우리 사업권을 빼앗으려 했지만, 우리가 도로 빼앗아왔다"고 자찬하는 정영학 녹취록의 발언도 있습니다.

제가 대장동 일당과 결탁 또는 개발이익을 공유하는 관계라면 이런 결정을 할 수는 없습니다. 일정한 조건을 붙여 민간개발 허가를 내주거나, 공모하지 않고 민간사업파트너로 임의 지정하거나, 그들이 원하는 대로 수용 아닌 환지방식으로 해주거나 그 외에 그들의 이익을 더 많이 확보해주는 방법은 얼마든지 있지만 그렇게 하지 않았습니다.

마. 공모 이후 2016년까지 1,120억 원 추가 부담

2015년 사업자선정 당시는 미분양이 쌓이고 정부가 '빚내서 집 사라'고 장려하던 시기입니다. 집값 폭등을 걱정하다 몇 개월이 지난 지금은 주택시장 붕괴를 걱정하며 정부가 미분양 물량을 긴급 수혈할 만큼 부동산시장은 급변하고 예측이 어렵습니다.

1조 원 이상 투자되는 초대형 개발사업이 말처럼 쉽지 않습니다. 계획개발이 실패하면 개별허가에 따른 난개발이 생기고, 땅을 팔고 경매압력에 시달리던 주민 처지에서도 사업을 미루기 어렵습니다. 모라토리엄을 운위할 만큼 어려운 시 재정문제 해결을 위해서도 적정한 개발이익 환수가 필요했습니다.

검찰이 문제로 삼는 서판교터널은 성남시가 오래전에 계획해 두었던 것으로 당초 대장동 사업자에게 부담시키려다가, 사업성 부족으로 민간사업자가 참여하지 않을 우려가 있어 사업성을 개선을 위해 제외하였다가 이후 선정된 대장동 사업자에게 추가부담 시킨 것입니다. 대장동 일당의 이익을 고려했다면 시의 비용으로 시행해도 문제가 없지만 대장동 사업자에게 부담시켰습니다.

300억 원 이상이 소요되는 배수지, 고속도로 진입로 확장도 성남시가 할 일이지만 사업자에게 추가 부담시켰습니다.

바. 공공수익을 비율 아닌 확정액으로 하게 한 이유

성남시 몫의 1공단 공원화 비용 부담은 최소조건이었고, 공사의 몫은 비율 아닌 확정액으로 하도록 하였습니다. 지방자치단체는 영리를 추구하는 민간기업이 아니고 공익을 추구하는 행정기관이므로 안정성을 추구해야 합니다(안정성이 중요한 행정은 기업처럼 벤처를 할 수는 없습니다).

이익 배분을 비율로 정하면 예측을 벗어난 경기변동 시 행정 목적을 달성하지 못하는 불안정성이 있고, 민간사업자가 비용과다 계상 등으로 이익을 축소하면 비율은 의미가 없으며(위례사업이 그랬음), 정산 지연으로 배당 몫이 줄어드는 문제도 있고(판교신도시 개발이 그랬음), 관련 공무원과 부정거래가 시도될 수 있습니다.

사. 대장동개발은 택지개발까지이고 아파트분양은 공사의 업무가 아님

대장동 택지개발사업의 이익분배를 논할 때, 아파트 분양이익은 논외로 해야 합니다. 공사가 성남시로부터 위탁받고 성남시의회로부터 승인받은 것은 대장동 택지개발사업이지 아파트 분양사업이 아닙니다. 공사가 왜 아파트 분양사업을 하지 않았냐고 하는 건 수사가 아닌 정치입니다.

공사는 민간기업이 아니어서 돈이 된다고 아무 사업이나 마음대로 할 수 있는 것이 아닙니다. 성남시나 성남시의회의 승인은 물론 법이 정한 각종 용역, 타당성 검토 등 절차를 거쳐야 하니

다. 더구나 건축분양사업을 위해서는 투자자금이 필요한데 공
사는 자금도 없고 자금을 마련할 길도 없습니다.

공사의 법적 업무 한계는 택지개발까지여서 아파트 분양사업
은 공사가 관여할 수 없고 관여해서도 안 되는 것입니다.

화천대유가 사업을 시행자인 성남의뜰(민관합작법인)로부터 택
지 5개 필지를 매입하여 아파트를 지어 분양해 얻은 수익 3,103
억 원은 공사의 택지개발사업과는 직접 관련이 없습니다. 국민
주택규모 이하용 택지는 감정가격에 추첨으로 공급하고 택지
를 공급받은 건설업체는 화천대유가 아니더라도 분양수익을
남깁니다. 화천대유 외에 3개, 3개, 2개 블록의 택지를 취득하여
아파트 사업을 한 코OO하우징, 토OO홀딩스, OO아트 회사의
아파트 사업수익도 성남시가 이들 회사에게 부당이익을 얻게
했다고 주장할 수 있겠습니까?

아. 성남시와 공사의 몫은 지가폭등 결과에도 개발이익의 50% 이상

나중에 안 사실이지만, 사업자로 선정된 하나은행 컨소시엄의
응모 기준으로 택지개발 예상이익은 1공단 공원화비 2,561억
원을 빼고 약 3,600억 원이었습니다(산업은행 컨소의 예상이익은

약 2,600억 원, 메리츠 컨소의 예상이익은 약 3,200억 원, 성남시 용역 결과 예상이익은 약 1,800억 원).

1공단은 대장동과 직선거리 약 10km가량 떨어진 곳이라 1공단공원화 비용은 형식이 비용이든 배당이든 대장동 개발이익의 일부입니다. 따라서 2015년 공모와 협약 당시 기준으로 공익환수액은 공원화 2,561억 원과 최소우선배당 1,822억 원을 합한 4,383억 원이고, 민간사업자 몫은 1,800억 원 이하(약 3,600억원-1,822억)이고, 1,120억 원을 추가 부담시킨 2016년 실시계획 인가 당시 기준으로는 공익환수액이 5,503억 원, 민간이익은 1,800억 원 이하이며, 부동산 폭등으로 개발이익이 예상보다 폭증해 민간사업자 이익이 약 4천억 원이 되었다고 해도 여전히 공공환수액 5,503억 원에 못 미칩니다.

1공단 땅값도 올랐을 것을 감안하면 공공환수 비율은 더 높아지고, 부동산 경기가 하강한 경우라면 성남시와 공사 몫 이익 비율은 더 늘어났을 것입니다.

자. 지가 폭등을 예상 못했다는 비난은 부당함

부동산은 일반적 예측을 벗어나 오를 수도 있고 내릴 수도 있으며, 단순 등락을 넘어 폭등하거나 폭락할 수도 있습니다. 집값 폭등으로 대혼란을 겪다 몇 달 만에 집값 폭락으로 심각한 사회문제가 된 지금의 현실에서도 알 수 있습니다. 미래의 경기를 정확히 예지하는 것은 신의 영역입니다.

고정금리 약정을 했는데 이자율이 예상보다 더 오른 경우 차입자는 잘한 계약이고, 대여자는 잘못한 계약이 됩니다. 예상보다 이자율이 내리거나 덜 오른 경우에는 그 반대입니다. 이 경우 누구도 잘못 결정했다고 비난받지 않습니다. 물가가 일반적 예측 선을 벗어날지 여부, 벗어나는 방향이 상방일지 하방일지는 아무도 모르기 때문입니다.

배당방식은 예상보다 경기가 호전되면 비율로 정하는 것이, 예상보다 경기가 악화되면 사전 확정하는 방식이 유리하지만, 경기가 예상을 벗어나 악화될지 호전될지는 모르는 일이므로 안정성을 중시해야 하는 행정기관으로서는 비율 아닌 확정액으로 하는 것이 타당합니다.

비율 약정이 언제나 잘한 결정도 아닙니다. 부동산 시장이 예측과 달리 급락하여 이익이 대폭 줄거나 손실이 발생한다면 반대로 고정이익 아닌 비율로 정한 것이 문제가 될 것입니다.

공모에서 배당개요가 정해졌는데 예상을 초과하는 이익이 발생할 경우를 대비하여 추가배당을 요구하면, 상대방은 당연히 예상을 벗어난 이익감소나 손실발생 시에 손실이나 이익감소에 대한 분담을 요구할 것이고 이를 수용할 수밖에 없습니다. 이익분담만 합의하고 손실분담, 이익감소분담을 하지 않는다면 상대방이 배임으로 문제될 것입니다.

차. 하나은행 컨소시엄 내 배당비율은 성남시와 무관한 그들 내부문제

은행들이 이익배분을 적게 받고 화천대유, 천화동인 등이 4천여억 원을 배분받은 것은 그들 내부에서 스스로 결정한 사항으로 성남시로서는 알 필요도 없고 알 수도 없는 일입니다. 화천대유, 천화동인이 왜 이렇게 큰 이익을 배분받았는지는 하나은행 등 민간사업자들에게 물어야 합니다.

카. 투기 세력은 환지방식을 요구하였으나 수용방식 선택

개발방식 중 환지방식은 토지 소유자에게 이익되는 방식이라 그들이 선호하는 것은 상식이지만 소유자에 과도한 이익이 돌아가기 때문에 현재는 잘 채택하지 않는 방식입니다. 성남시가 수용방식을 선택한 것은 그것이 시민을 위하여 개발이익을 최대한 환수하는 방식이기 때문입니다. 검찰은 환지 아닌 수용방식 채택으로 주민들에게 손해를 가했다고 주장하나, 주민 이익보다 전체 시민의 이익이 우선입니다. 더욱이 투기세력이 이미 대부분 토지를 샀기 때문에 환지방식을 채택했다면 투기세력이 환지를 받습니다. 투기세력 아닌 일부 주민들을 위해서는 충분한 토지보상금과 이주 및 생활대책을 시행하도록 노력하였습니다.

타. 터널공사 확정 시기는 배임 의제와 관련이 없음

검찰이 소스를 제공한 것이 거의 확실한 일부 언론의 보도에 의하면 성남시가 터널공사를 뒤늦게 확정시켜 수용은 저렴하게 택지매각은 비싸게 하도록 해서 배임죄라고 합니다.

터널공사는 2000년대부터 이미 성남시 도로계획에 들어 있던 것으로 공개되어 있는 것이고, 원래 성남시 예산으로 개설해야 하지만 2016년 대장동 실시계획 인가 시 개발사업자에게 부담시킨 후 도시계획법 절차에 따라 터널공사를 한 것입니다.

파. 1공단 공원화사업 분리와 공사시기 지연이 배임?

검찰이 소스를 제공하고 모 언론이 쓴 단독성 기사의 주장인데, 1공단을 사업지에서 떼어내는 바람에 1공단 보상비 수천억 원을 절감시켜주고 1공단 공원화 공사지연으로 지연기간만큼 공사비에 대한 금융비용 상당의 이익을 주어 배임죄라는 것입니다.

소송 때문에 사업의 정상적인 진행을 위해 분리는 불가피했으며 행정절차를 거쳐 1공단 공원화를 최대한 빨리하는 것이 시의 공식입장이었으며 일부러 공사를 지연시킨 것도 아닌데, 공사지연 기간의 금융비용 상당의 이익을 주고 시에 손해를 입혔다는 것은 말이 안 됩니다.

하. 컨소시엄을 금융사 중심으로 하고 건설사를 배제한 것이 배임?

금융사 중심으로 민간사업자를 정한 것은 자금난으로 사업이 좌초 또는 지연되는 일이 없게 하려는 것이고, 재개발사업 등에서 보는 것처럼 건설사들은 부정부패를 저지를 가능성이 높기 때문입니다.
부동산 불경기 속에서 1조 3천억 원이 넘는 투자금이 필요한 대규모 사업에서 자금의 안정적 조달은 사업 성패를 좌우합니다. 건설사는 대규모 자금 조달에 어려움을 겪을 수 있고(실제 의왕

시 백운밸리 개발사업에서 주관사인 건설사의 자금난으로 사업이 지연
되었습니다) 대규모 개발사업에서 사업 지연은 금융비용 폭증으
로 사업 실패의 원인이 됩니다.

대기업들이 비자금 조성용으로 건설회사를 계열사로 가지고 있
다는 말도 있고, 재개발 재건축 수주비리 사례에서 보는 것처럼
건설사들은 비리로 사회적 물의를 일으킬 가능성도 높습니다.
특히 건설회사가 주관사가 될 경우 과잉 발주를 통한 비용 부풀
리기나 이익 빼돌리기 가능성이 큽니다. 가능하면 금융사 중심
으로 컨소시엄을 꾸리고 건설회사는 공정한 도급계약에 따른
시공권을 가지는 것이 바람직한데 실무의견도 같았습니다.

부담을 안기는 침익적 행정행위와 달리 혜택을 주는 수익적 행
정행위에는 광범한 재량이 인정됩니다. 사업의 안정적 수행과
투명경영을 위한 금융사 중심 컨소시엄 공개모집은 배임이 될
수 없습니다.

거. 민간주도개발 허용 가능성을 봉쇄한 이유

성남시는 대장동 택지개발사업을 공사에 위탁하면서, 공사가
위탁을 기화로 특정 세력과 결탁하여 일정한 수익확보 조건으

로 민간개발을 허용하는 경우를 막기 위해 사업시행자는 반드시 '공사나 공사가 출자한 법인'이 맡도록 하였습니다.

대규모 개발이익이 예상되는 사업을 민간에 전적으로 맡기면 부정부패가 발생하게 되므로 민간의 자본과 역량을 활용하는 경우에도 공공이 주도권을 놓쳐서는 안 된다는 것이 성남시의 입장이었습니다.

너. 투기세력과 결탁하거나 이익을 받기로 한 사실 없음

검찰은 제가 투기세력과 결탁하거나 그들로부터 재산상 이익을 받기로 약속한 것처럼 몰아가고 있습니다. 유일한 근거는 대장동 관련 부패범죄로 구속되었다가 석방된 관련자들의 번복된 진술입니다.

그러나 저는 투기세력으로부터 시민의 정당한 이익을 지켜내려고 부단히 노력했을 뿐 부패행위에 관여한 사실이 없습니다. 최근 정영학 녹취록 전문이 언론에 공개되었는데 이제 국민들은 정영학의 녹취록에 근거하여 검찰의 공소사실을 평가할 수 있게 되었습니다.

검찰은 정영학 녹취록에 근거하여 수사 결론을 도출했었는데, 이제 와서 검찰의 올가미에 걸린 관련자들의 번복된 진술에 의존하여 정영학 녹취록에도 없고 오히려 그에 반하는 허위사실들을 만들어내고 있습니다.

3. 대장동 관련 부패방지법 위반 혐의에 대해서

혐의의 세부 내용은 알기 어려우나 언론보도 등에 따르면 제가 비밀정보를 대장동 일당에게 제공하거나, 유동규가 제공하는 것을 승인했다는 것으로 추측됩니다.

유동규가 그들과 결탁하여 비밀정보를 제공했는지 저로서는 알 수 없지만, 유동규가 범죄행위를 저지르며 범죄사실을 시장인 제게 알릴 이유도 없고 제게 알릴 필요도 없습니다.

객관적으로 드러난 사실이나 정영학 녹취록을 보아도 저는 이들의 부정비리와 관련이 없습니다. 정영학 녹취록과 이들의 법정 증언 등에 따르면 이들은 '이재명이 우리 사업권을 빼앗아 호반건설에 주려 했지만, 우리가 도로 빼앗아왔다'거나 이재명 모르게 특정금전신탁 뒤에 잘 숨어 있었다며 자부하거나, '이재명이 너네 졸라 싫어해'라는 내용이 나옵니다.

저는 대장동 일당이 사업자공모에서 하나은행 컨소시엄의 특정금전신탁에 숨어 있었던 사실은 이 사건이 문제되고 나서야 알았으니, 저도 모르는 이들을 위해 형사처벌을 무릅쓴 채 그들을 위해 비밀을 유출하거나 유동규로부터 범죄행위인 비밀 유출을 보고받고 승인한다는 것은 상식에 반합니다.

위례신도시 주택분양사업과 비밀누설 관련

성남시는 본시가지의 원활한 재개발을 위해 임시거주용 임대아파트 단지가 필요했지만, 임대단지 조성에 필요한 자금을 시 예산만으로는 감당하기 어려웠습니다.

이에 따라 저는 위례신도시 주택건설사업으로 분양이익을 확보하고, 그 수익으로 임대아파트를 건설하여, 이를 재개발 이주단지용으로 활용해 LH가 시행하다 중단한 본시가지 재개발사업의 재개를 구상했습니다.

2010.7. 성남시장 취임 후 저는 개발이익의 성남시 귀속을 주장하며 LH와 협상하여 가장 위치가 좋은 공동주택 부지의 우선 매입권을 확보하고, 이명박 정부를 설득하여 주택건설자금 조달

용 지방채 발행을 승인받았으며, 경기도는 이 지방채를 인수하는 예산편성까지 했었습니다.

그런데 국민의힘이 다수인 성남시의회는 위례 주택사업용 지방채를 반대하며 지속적으로 공유재산관리계획을 부결시키고 결국 지방채 발행까지 부결시켰습니다. 이유는 부동산 불경기로 인한 사업 실패와 적자 우려, 공공이 수익사업을 하면 안 된다는 등이었습니다.

당시 국민의힘 시의회의 지방채 발행 부결로 공공개발 자금을 조달할 수 없어 성남시는 아파트 분양사업도 임대주택건설 사업도 재개발지원도 모두 포기할 수밖에 없었습니다.

다만 위례신도시 주택 부지는 LH가 추첨으로 공급하는데, 추첨 경쟁률이 심지어 수백 대 1에 이를 정도였으므로, 기왕 확보된 아파트 부지 우선매수권을 활용해 공사가 수익사업을 하기로 했습니다.

공사는 토지매수권을 넘겨받은 후 민간투자자와 함께 특수목적법인(SPC)을 만들고, 민간투자자가 사업자금과 투자위험을 부담하되, 지분 5%(2억 5천만 원)만 출자한 공사가 이익의 50%

를 배당받기로 하였습니다.

재개발과 연계된 주택분양사업은 시의회의 반대로 좌절되었고, 토지매입권을 활용한 자투리 사업은 공사가 수행하는 자체 수익사업이었습니다.

출자는 5%인데 위험부담이나 재무부담도 없이 50% 수익지분을 확보했으니 외관상은 좋은 결정이었지만 '사후정산 해야 하는' 비율배당의 약점이 곧바로 드러났습니다.

당초 예정 분양이익이 1,100억이었으니 550억 원대 수익이 가능했지만, 사후정산 결과는 총수익 약 300억 원으로 공사 몫은 약 150억 원 정도였습니다.

제가 평소 강조하는 것처럼 돈은 마귀이고, 부모형제까지 갈라놓을 만큼 힘이 셉니다. 수익배분을 비율로 정할 경우 사업을 주도하는 민간사업자 측의 비용 부풀리기와 이익 빼돌리기는 예상되는 일이므로, 비율배당은 피하고 비율이 적더라도 배당 몫을 사전 확정해야 한다는 저의 지론입니다.

위례 사업도 예정수익 1,100억 원의 30% 정도인 300억 원을 사전 확정했다면, 50%의 비율배당을 약정한 결과(약 150억 원 배당)보다 나았을 것입니다.

또한 대장동 일당이 위례신도시 아파트 분양사업에 관여한 사실을 저는 알지 못했고, 위례 주택건설사업 시행자에 대해 아는 바도 없으므로 그들에게 사업 관련 비밀을 유출할 이유도 없습니다. 유동규가 스스로 저지른 불법행위를 제게 보고한다는 것도 상식 밖입니다.

2023. 1. 28.

위 진술인 이재명

서울중앙지방검찰청 귀중

"유검무죄, 무검유죄"

13일 만에 다시 검찰 출석하는 이재명

입력 2023.02.10 13:55

더불어민주당 이재명 대표가 10일 서울 서초구 서울중앙지방검찰청에 도착해 위례 신도시·대장동 개발사업 의혹과 관련해 소환 조사를 받기 앞서 입장 표명을 하고 있다. 연합뉴스

(한국일보 2023. 2. 10.)

정진상 실장 사건이
제22 형사부에서 제33 형사부로
재배당되다

제23 형사부 사건이 제33 형사부로 이송, 병합되어 사건이 장기화되고,
제22 형사부 대장동 본류사건이 검찰의 공소장변경에 따라 역시 장기
화된 것은 모두 검찰의 무분별한 수사 및 기소에 그 책임이 있다.

2021년 10월, 11월에 기소된 유동규, 김만배, 남욱, 정영학, 정민
용 등 대장동 일당의 이른바 대장동 본류사건(2021고합970호 등)은
서울중앙지방법원 제22 형사부에서 재판이 진행 중이었고, 2022.
12. 9. 기소된 정진상 실장의 특정범죄가중처벌등에관한법률위반
(뇌물), 부정처사후수뢰, 부패방지 및 국민권익위원회의 설치와 운
영에 관한 법률위반, 증거인멸 등 사건(서울중앙지방법원 2022고합
1001호)은 제23 형사부에서 재판이 진행 중이었다.

2023. 3. 22. 검찰이 기소한 이재명 대표, 정진상 실장의 대장동 관련 특정경제범죄가중처벌등에관한법률위반(배임), 공직자의이해충돌방지법위반, 성남FC 관련 특정범죄가중처벌등에관한법률위반(뇌물) 등 사건(서울중앙지방법원 2023고합217)이 서울중앙지방법원 제33 형사부에 배당되었다. 그런데, 이재명 대표, 정진상 실장의 대장동 등 사건 공소장은 169쪽으로 방대하다. 이는 정진상 실장의 2022고합1001호 사건 공소장이 33쪽에 불과한 것에 비교해 볼 때 5배로 늘어난 것이다.

그리고 검찰은 김만배 등 대장동 본류 사건의 공소장도 공소장변경 신청을 통해 공소사실의 분량을 대폭 늘렸다. 이 당시 김만배 등 대장동 본류사건은 유동규에 대한 증인신문만 마치면 선고를 할 수 있을 정도로 재판이 막바지에 이르러 있었다. 그런데 검찰이 갑자기 공소장 변경을 통해 공소사실을 대폭 늘림에 따라 제22 형사부는 재판을 새로 하는 것과 비슷한 상황에 놓이게 되었다. 그러자 제22 형사부는 검찰의 공소장 변경에 따라 심리를 새로 해야 할 형편이 되었고, 새로 기소된 이재명 대표, 정진상 실장에 대한 사건을 제33 형사부에서 맡게 되었으므로 대장동 본류사건을 포함하여 관련 사건의 재배당을 논의해야 한다고 제23 형사부, 제33 형사부에 문제제기를 했다.

결국 제22 형사부, 제23 형사부, 제33 형사부 간 협의를 통해 제 23 형사부에서 진행해온 정진상 실장 사건을 제33 형사부로 이송하 여(다만, 유동규 사건은 그대로 제23 형사부에 두기로 함) 제33 형사부 에서 이재명 대표, 정진상 실장 사건에 병합하기로 결정하였다.

정진상 실장의 변호인단은 제23 형사부 사건과 제33 형사부 사 건이 병합될 경우에 재판이 장기화되고, 재판부가 변경되면 변경 후 재판부는 변경 전 재판내용을 기록으로만 보게 되어 공판중심주 의에 어긋나므로 제23 형사부 사건은 제23 형사부에서, 제33 형사 부 사건은 제33 형사부에서 진행해달라고 의견을 제출하였다.

그러나 서울중앙지방법원은 재판부 간 협의를 거쳐 정진상 실장 사건을 제23 형사부에서 제33 형사부로 이송하기로 결정했다. 서 울중앙지방법원은 병합을 결정한 이유로 쟁점의 중첩, 증거조사의 중복, 피고인과 증인의 지속적인 법정출석으로 인한 방어권 침해 우려와 피로감 호소 등 문제 해결을 들었다. 변호인단은 법원이 병 합 결정을 한 이유를 충분히 이해하며, 재판부의 소송지휘를 존중 하고 이견 없이 따를 것이며 충실히 재판을 준비하겠다고 밝혔다.

제23 형사부 사건이 제33 형사부로 이송, 병합되어 사건이 장기 화되고, 제22 형사부 대장동 본류사건이 검찰의 공소장변경에 따라 역시 장기화된 것은 모두 검찰의 무분별한 수사 및 기소에 그 책임이 있다.

대장동 사건은 검찰의 수사에 의해 이미 결론이 났음에도 정권이 바뀐 이후에 정치적 의도로 다시 수사하여 기존 수사결론을 변경하고 무리하게 이재명 대표와 정진상 실장을 기소함으로써 비롯된 것이다.

검찰이 제출한 증거는 오로지 유동규의 진술뿐이며, 그마저도 유동규가 검찰에 협조한 2022. 9. 26. 이후에도 유동규의 진술이 계속 변경되어 도저히 믿을 수가 없다.

변호인단은 검찰의 정치적 수사 및 기소에 대해 강력한 유감을 표명했다.

검찰수사는
제가 살아 있는 한
계속할 것이다

대통령이 되어 검찰의 수사권을 가지고

대통령 선거 때 경쟁후보,

미래의 대선후보를 보복수사하면 그건 뭐라고 해야 하나?

2023. 10. 6. 서울중앙지방법원에서 제33 형사부 심리로 이재명 대표, 정진상 실장의 대장동 관련 특정경제범죄가중처벌등에관한법률위반(배임), 공직자의이해충돌방지법위반, 성남FC 관련 특정범죄가중처벌등에관한법률위반(뇌물) 등 사건(서울중앙지방법원 2023고합217) 첫 재판이 열렸다. 증거기록 쪽수가 20만 쪽이라는 바로 그 사건이다.

이 사건 전에 기소되었던 정진상 실장의 특정범죄가중처벌등에 관한법률위반(뇌물), 부정처사후수뢰, 부패방지 및 국민권익위원 회의 설치와 운영에 관한 법률위반, 증거인멸 등 사건(서울중앙지방 법원 2022고합1001호) 제23 형사부 심리로 진행되었는데, 제23 형사부에서 제33 형사부로 재배당되었다(사건번호가 2023고합514호로 변경됨).

정진상 실장 사건이 제33 형사부로 재배당되기 전에 중요 증인인 유동규에 대한 검찰과 변호인의 증인신문이 검찰 재주신문, 변호사 재반대신문만 남기고 완료된 상태였고, 제33 형사부로 재배당된 후에 유동규에 대한 재주신문, 재반대신문이 있었고, 그 후 정진상 실장 사건과 이재명 대표, 정진상 실장 사건이 병합되었다.

그리고 2023. 10. 12. 기소된 이재명 대표, 정진상 실장의 백현동 관련 특정경제범죄가중처벌등에관한법률위반(배임) 사건이 제33 형사부에 배당된 후 2023. 10. 30. 대장동 등 사건에 병합되었다. 그래서 제33 형사부에는 대장동 사건, 위례 사건, 성남FC 사건, 백현동 사건이 모두 병합된 상태다.

2023. 10. 6. 재판은 검찰과 변호인 양측이 모두진술을 하였다. 모두진술은 10. 6., 10. 17., 10. 23. 3일에 걸쳐 진행되었다. 모두진

술 절차는 검찰이 공소사실을 중심으로 먼저 주장을 하고, 변호인이 반박을 하고, 다시 검찰이 재반박을 하고, 마지막으로 변호인이 재재반박을 한다.

2023. 10. 6. 이재명 대표는 검찰은 저에 대한 수사를 "제가 살아 있는 한 계속하지 않겠습니까?"라고 발언했다. 이 발언이야말로 검찰수사가 정치수사, 표적수사, 불법수사라는 사실을 상징하는 말이다. 윤석열 대통령은 검찰총장 시절 "수사권 갖고 보복하면 그게 깡패지 검사냐"라고 말했다. 대통령이 되어 검찰의 수사권을 가지고 대통령 선거 때 경쟁후보, 미래의 대선후보를 보복수사하면 그건 뭐라고 해야 하나? 다음은 이재명 대표의 발언이다.

먼저 이렇게 많이 배려해주셔서 감사드립니다. 제가 영장심사 때 대장동 관련된 검찰의 주장을 봤고 대장동 배임죄에 비밀을 이용했다는 이런 식의 기소가 되어 있는데 저는 정말로 상식적인 입장에서 봤을 때 이게 기본적으로 말이 되는 소리냐는 생각이 좀 듭니다.

민간사업자였던 사람들은 제가 혐오해 마지않은 부동산 투기 세력들이고, 이들이 성남에서 발붙이지 못하게 하는 것이, 저의 중요한 내심의 목표 중에 하나였는데 실제로 그들이 유동규 본부장을 통해서 뇌물을 주고 부정거래를 했지만, 저는 전혀 그 사실을 인지하지 못했고, 그리고 그들이 원하는 바들을 제 입장에서는 단 한 개도 들어준 게 없습니다. 민간개발을 해달라는 것을 절대 안 해줬고, 환지사업으로 해달라고 하는 것도 제가 끝내 안 해줬고, 자기들이 산 땅 중심으로 사업지역을 지정해달라고 하는 그런 주민들을 빙자한 그런 민원도 전혀 들어주지 않았고, 결합개발이 아니라 대장동만 떼어서 따로 하자는 것도 들어주지 않았고, 자기들 입찰하지 말고, 경쟁공모하지 말고, 사업자 지정해달라고 하는 것도 저희 성남시 차원에서는 단 한 개도 된 게 없습니다.

남욱 같은 경우도 보시면 1,800억을 들여서 그 지역 일대 땅을 사가지고, 토지등기까지 저당등기까지 다 했는데 이게 공모경쟁사업 하면서 그게 다 없어져버렸지 않습니까. 지금 위례신도시도 그렇습니다. 그 후에 대장동이든 이런 데에 편의를 하나도 안 봐줬을 리가 없지 않습니까. 얼굴 한 번 본 일도 없습니다. 그래서 위례 부분도 보면 그 유명한 녹취록에도 나오지만, 제가 그들을 얼마나 혐오하는지 자기들끼리 스스로 얘기하고 있습니다. 그리고 이 사건이 노출된 이후에 그들끼리 하는 녹취록 이런 것도 보면, 제가 자기들을 미워해서 숨어 있었다고 스스로 얘기하지 않았습니까. 검찰이 그런 기록도 다 가지고 있는데, 어떻게

2013년에 제가 그들에게 무슨 유착이 됐다는 것이 저는 모멸감을 느낍니다.

피고인의 입장을 떠나서 제가 너무 길게 말씀드리면 재판에 지장이 있을 것 같아서 줄이겠습니다마는 조금 전에 위례사업 관련해서도 그렇습니다. 전제가 그렇습니다. 입찰하는 데 시간이 부족하니깐 불법을 했다 이거 아닙니까. 이거 수의계약 해도 되는 것입니다. 입찰하라는 규정은 없습니다. 제가 그들하고 유착되어 있으면 조용히 그냥 수의계약 해주라고 하면 되지 이렇게 요란하게 공개경쟁입찰을 거치면서 더군다나 불법까지 하겠습니까. 그냥 계약해도 됩니다. 그걸 제가 몰랐겠습니까. 만약에 제가 유착돼서 이들의 입장을 고려해줄 상황이면 그냥 조용히 수의계약 해서 그냥 사업하면 됩니다. 그리고 이 사람들이 그 녹취록에도 나오지 않습니까. 자기들도 수의계약 해도 되는데 유동규가 짱구를 굴려서 공모를 한다는 것이 녹음에 다 나옵니다.˚ 어떻게 검찰이 그런 것을 다 보고 있으면서 시간이 부족하다, 그래서 내정했다, 그래서 불법을 감행했다. 그렇게 할 수가 있습니까.

재판장님께서 많이 살펴주시겠지만, 세상에 저에 대한 수사가 지금도 계속되고 있지만 몇 년째 하는 것인지, 이게 대체 그것도

대장동의 진실

검사가 수십 명이 투입돼서 수백 번씩 압수수색하고 지금도 하고, 앞으로도 또 할 것이고, 제가 살아 있는 한 계속하지 않겠습니까.

● 정영학 녹취록.

O 녹음일시 : 2013. 8. 12. 오후 4:02 (44초)
O 통화자 : 정영학, 남욱

남 욱   하면 된다. 못 받지 않으니까. 그건 않으니까 걱정하지 마세요

정영학   그래서 공모형 하는거죠

남 욱   그렇죠. 그러니까요

정영학   아니면 뭐 수의계약 해버리고 나중에.. 누가 뭐라 하겠어요?

남 욱   그러니까 본인이 향구 돌려갖고 오늘 얘기하는데 두개를 만들어가지고
          나 유동규

정영학   예. 예. 우리는 한 세 개 생각하고 있었어요. 네 개까지.

남 욱   그렇죠

정영학   예.예. 잘 알겠습니다. 많이 해봤으니까요 이거는.

4부 숲을 봐달라

검찰, 이재명 다섯번째 소환 통보... 대북송금 피의자 신분

이재명 더불어민주당 대표가 백현동 개발 비리 의혹 관련 조사를 받기 위해 17일 서울 서초구
서울중앙지방검찰청에 출석하고 있다. 성남FC 의혹으로 한 차례, 위례·대장동 의혹으로 두 차례 소환 조사를 받은
데 이어 올해만 4번째 검찰 출석이다. /뉴스1

(조선일보 2023. 8. 23.)

한 번 안아보고 싶습니다

이재명 대표는 재판장에게 정진상 실장을
한 번 안아보고 싶으니 허락해달라고 청했고,
재판장은 허락했다.

2023. 10. 6. 대장동 등 사건 첫 재판 날이었다. 이날 재판이 끝날 무렵 이재명 대표는 재판장에게 정진상 실장을 한 번 안아보고 싶으니 허락해달라고 청했고, 재판장은 허락했다.

정진상 실장의 보석 조건은 사건 관련자와 접촉하지 말라는 것이었기 때문에 이재명 대표와 정진상 실장은 전화통화를 비롯하여 일절 접촉을 할 수가 없었다.

이재명 대표의 발언 전문을 옮긴다.

"그리고 재판장님 죄송합니다만 청이 하나 있습니다. 보석 조
건 때문에 제가 정진상 피고인과 전혀 접촉을 못하는데 이 법정
안에서라도 휴정하거나 재판이 종료되면 제가 대화는 하지 않
을 테니까 신체접촉을 할 수 있도록 그것만 한 번 부탁드립니다.
한 번 안아보고 싶습니다."

순간 법정은 숙연해졌다. 이재명 대표는 정진상 실장을 안았다.
나는 이 순간을 옆에서 지켜보았다. 코끝이 찡하게 감동이 밀려왔
다. 이재명 대표는 자신 때문에 고초를 겪고 있는 동지에 대한 미안
함, 안타까움이 컸을 것이고, 두 사람은 서로 보고 싶었을 것이다.
재판장의 허락은 받았지만 말 한마디 나눌 수 없었다. 그저 잠시 서
로를 안아보았을 뿐이었다.

국민의힘 소속 전○○ 국회의원이 이 장면에 대하여 "계속 입 다
물어라"라는 취지인데, 법원이 이를 허락한 것은 사법부의 신뢰를
훼손하는 결정이었다고 비판했다. 이재명 대표의 인간적인 면모가
그대로 국민들에게 전달되자 그것이 싫은 것이었겠지만, 이 얼마나
옹졸하고 비인간적인 비판인가?

대장동의 진실

거듭 말하지만, 정진상 실장은 이재명 대표가 설득하고 말고 할 대상이 아니다. 정진상 실장은 이재명 대표보다 더 이재명 대표 같은 사람이다. 국민의힘 의원들은 정진상 실장을 몰라도 너무 모른다. 이 두 사람의 관계는 국민의힘 의원들이 상상하는 그런 속물적인 관계가 아니다.

이재명, '정진상 신체접촉 허가' 요청…법정 나서기 전 포옹

입력 : 2023-10-06 15:06:53 | 수정 : 2023-10-06 15:07:33

대장동·위례신도시 특혜 의혹 사건 첫 공판
1시간 20분 만에 첫 재판 종료…재판부 허가 얻어 '최측근' 정진상 포옹

(세계일보 2023. 10. 6.)

숲을 봐달라

　구체적인 내용들은 변호인들께서 해주실 것으로 보고, 개략적인 저의 생각을 말씀을 드리겠습니다. 먼저 대장동 관련된 내용을 보면 저는 그런 느낌이 듭니다. 사실 저 산이 참나무숲이냐 소나무숲이냐 이것은 그냥 쳐다보면 압니다. 그런데 검찰이 지금 수사과정에서도 그렇고 지금 하는 것을 보면 현미경 들고 DNA 분석기 들고 숲속에 들어가서 땅을 파고 있습니다. 이 소나무 DNA가 발견됐다 이런 걸 하고 있는 그런 느낌입니다.

●　2023. 10. 17. 이재명 대표, 정진상 실장의 대장동 배임 등 사건 재판 때 이재명 대표는 본인의 입장을 직접 발언했다. 준비된 서면 없이 본인의 생각, 주장을 쭉 말했다. 이 발언은 대장동 사건, 성남FC 사건의 핵심을 쉽게 설명하고 있다. 이재명 대표는 재판장에게 '숲을 봐달라'고 간곡히 부탁했다. 위 본문은 이재명 대표의 발언 전문을 그대로 옮겼다.

대장동 개발사업은 알고 계실 수도 있습니다만, 원래 LH가 개발하고 있던 곳입니다. 공영개발을 하고 있었는데 이명박 대통령이 지시를 했습니다. 민간이 돈을 벌 수 있는 일을 왜 공사가 하느냐, 민간과 경쟁하지 마라, 이렇게 지시를 했고, 그 와중에 대장동 땅을 매수하려고 했던 소위 대장동 투기세력들이 수십억대 로비를 해서 결국 구속도 많이 됐습니다만 결국 그 이유로 이걸 포기하게 됩니다. 검찰의 논리대로라면 이렇게 돈이 많이 남는 대장동 사업을 LH가 포기한 것 자체가 중대 배임 행위 아닙니까? 아무도 그렇게 말하지를 않습니다. 그리고 LH가 포기도 하기 전에 이 땅을 부산저축은행에서 1,800억을 대출받은 다음에 이 지구 일대 대부분의 토지를 다 매수했습니다. 계약금 10%를 줬는데 시가의 한 3배씩 주고 땅을 샀다는데 거의 면적 기준으로 보면 70~80% 가까이 샀던 것 같습니다. 그런데 어쨌든 제가 당선되고 취임하기 며칠 전에 LH가 이걸 포기를 했는데, 저는 여기 개발 인허가를 민간개발로 그냥 허가해주면 어쨌든 수천억대 개발이익이 생기는데 그것은 기존의 관행대로 한다면 다 민간에 허가해주는 거 아닙니까, 민간에 허가해주면서 개발이익을 인허가 관청과 나누라고 하는 경우는 실제로 거의 없습니다.

제가 말씀드리고 싶은 것은 공공기관은 인허가라고 하는 걸 해주고 소위 수익적 행정행위를 하게 되면 인허가를 받은 쪽은 다 혜택이 있습니다. 그 혜택을 누가 가질 것이냐를 결정하는 것이지 그중에 얼마를 회수할 것인지를 결정하지는 않습니다. 그런데 공공 영역에서 인허가권을 행사하면서 소위 갑의 위치에 있으니깐 하라면 할 수밖에 없는 게 민간 영역이죠. 그런데 이렇게 하지 말라는 게 헌법이기도 하고 공기업법에도 나오고 과도하게 민간에 개입하지 말라는 지시를 공개적으로 하기도 하고 저희가 공영개발을 하겠다고 했을 때 성남시의회가 반대한 핵심 논리는 왜 공공영역이 돈을 벌려고 하느냐, 그냥 민간에 허가를 해줘라, 극렬하게 반대해서 결국 위례사업조차도 못하게 됐던 게 현실입니다.

행정관청은 영리를 목적으로 하는 존재가 아니고, 공공복리를 추구하는 것이고 어딘가에 인가를 내주면 하다못해 택시 면허를 하나 해줘도 택시 면허 하나 가격이 1억씩 합니다. 그것을 공사를 만들어서 공사에 택시 면허 해줘도 되지 않습니까. 다 그렇게 해버리면 사회주의 국가가 됩니다. 소위 말하는 공산주의 국가 아닙니까. 검찰의 논리대로라면 왜 정말 누룽지 긁듯이 탁탁 긁어서 이익을 다 회수해야지, 왜 조금밖에 못했느냐 그러니까 배임이다, 이렇게 얘기를 하는 것 같습니다. 그런데 행정기관이 공사를 만들어서 거기를 사업에 참여시킬지 아니면 시가 직접 SPC 만들어서 거기에 지분으로 민간을 얼마를 포함시킬지 또는 아예 안 해버릴지, 예를 들면 수서 도시개발할 때 그냥 건설회사에 허가해주지 않았습니까.

거기 몇 조씩 남았습니다. 결국은 행정관청이 인허가권 특히 개발 허가를 하면서 공공영역 또는 자치단체 자체 또는 공사가 이익을 환수할 건지 아니면 그중에서 얼마를 할 건지 어떤 방식으로 할 건지 이런 것은 법에 정해진 의무가 아닙니다. 권한이기는 하지요. 그러나 그 권한도 너무 많이 심하게 행사하면 비난받지 않습니까. 저보고 공산당이라고 욕하지 않습니까. 이 관련업자들도 수차례 그랬습니다. 왜 시가 나서서 이 민간개발에서 얻을 이익을 강제로 빼앗아가느냐, 저에게 온갖 험한 욕하는 것을 그때 당시 성남 시내에서 저도 많이 들었습니다.

재판장님, 만약에 이 대장동 개발사업을 로비로 LH를 포기시켰던 그 집단들의 생각대로 제가 그냥 민간개발 허가해버렸으면 배임죄라고 지금 그랬겠습니까. 만약에 거기서 제가 당신들의 부담은 여기까지다, 라고 인가조건에 부관을 붙여서 그걸 부담시키고 그 나머지는 민간에서 허가받아서 하세요, 라고 했으면 그게 배임죄입니까? 아니면 또 이런 것도 있습니다. 제가 그렇게 할 의무는 없지만 그렇게 한 사례도 없고, 그러나 저는 이 부동산 투기 불로소득의 상당 부분은 환수해야 된다는 게 제 정치적 신념이기 때문에 최대한 제가 할 수 있는 범위 내에서 하되 얼마를 환수할 건지 정해진 기준은 없지 않습니까. 제가 선의로 일정 부분 환수를 해야겠다고 해서 행정관청이 가지는 소위 공권력이라고 하는 것을 활용해서 일부 환수하기로 작정을 하는 순간에 제가 가지고 있는 그 재량권 또는 정책 결정권이 의무화되는 건 아니지 않습니까. 갑자기 제가 그냥 민간개발 허가했으면 배임이고 뭐고 전혀 문제가 안 되는데, 얼마를 많이 남겨먹었는지 아무 상관이 없는데, 당신이 공사 만들어서 이렇게 일부 환수하려고 했으니까, 일단 시작했으니 그때부터 의무가 된 것이다. 탁탁 긁어서 최대한 저들이 저항할 수 없는 사업을 포기해야 되는 단계 그 이전단계까지 다 회수해야 된다는 것이 지금 검찰의 기본적인 입장인 것 같은데 저로서는 왜 행정관청이 그렇게 해야 되는 것인지, 제가 공산당 아니지 않습니까. 그런 점을 기본적으로 살펴주셨으면 하는 부탁의 말씀을 드립니다.

좀 자잘한 얘기 같지만 매우 중요한 게 있습니다. 검찰이 터널 얘기 자꾸 하는데 이 터널은 성남시 도로 기본계획에 이미 이 대장동 사업 시작하기 수년 전에 확정돼 있던 것입니다. 거기는 소위 판교와 분당을 우회적으로 연결하는 주요 지점이기 때문에, 거기에 터널을 건설한다는 것은 이미 2천년대 초반에 성남시 도로 기본계획에 다 공시돼 있는 것입니다. 다만 저는 그런 생각을 했습니다. 이게 대장동 사업지구 내는 아니긴 한데, 거기와 연결되는 거니까 가급적 사업자들에게 부담을 시키자, 그게 성남시의 재정을 절감하는 길이 아니겠느냐는 생각을 가지고 있었고, 그 실시계획 인가만 하면 되는 단계입니다. 터널이 생긴다는 것은 모두가 알고 있는 사실입니다. 다만 언제 생기느냐가 문제였던 것이죠, 그래서 저는 이 사업을 기획하는 단계에서 아까 검사께서도 보여주신 것 같은데 2011년 당시에는 택지 분양과 아파트 분양사업까지 다 해도 325억 밖에 안 남는다 이런 게 결론이었습니다. 사업성이 없어서 누구도 할 수 없는 상황이었습니다. 2013년 용역결과도 마찬가지입니다. 그 이전 계획에 의하면 택지로 개발해서 분양을 하면 1공단 공사비 부담시킬 경우에 취득비용 포함해서 2,500억 정도를 부과시킬 경우에 남는 돈이 1,200억 원밖에 안 된다, 그렇게 하면 1조 5천억을 투자해야 되는 민간기업들이 들어올 리가 없다, 그래서 사업성 개선을 하면서 그때 당시 용역업체들이 제안한 것이 용적률 올려주고 임대주택 비율이 25%인가 그렇게 되어 있었는데, 이 법률이 규정하는 한도가 10%인지 15%인지 그러니깐 최저선까지 내려주고 그중에 터널 공사비가 한 5~600억 드는데 이것을 이들 사업비에서 빼면 사업성이 좀 개선이 돼서 민간업체들이 응찰을 할 가능성이 높다 라고 해서 그걸 검토하라고 했고, 제가 터널 부분은 일단은 빼야 된다, 이게 너무 액수가 많다, 5~600억씩 되는 것을 부과시키면 사업성이 없어서 전체 실패를 하니깐 대신에 혹시 부동산 경기가 어떻게 될지 모르니 나중에 실시계획 인가할 때 사업성이 좀 개선된다 싶으면 업자들한테 부담을 시키자, 그건 물론 선택된 다음에 업자가 되겠죠. 그렇게 해서 실제로 그렇게 한 것인데, 검사님들께서 이상한 논리를 자꾸 만들고 계십니다. 만약에 제가 그들하고 결탁을 했으면 앞뒤전후 다 빼고 그냥 원래 계획된 대로 성남시 비용으로 도시계획시설로 만들면 그 사람들 한 5~600억 벌 수 있는 것 아닙니까. 제가 만약에 동업자면 저도 절반 지분이 있다는 게 참 황당한 검찰의 주장인데 제가 250억 300억 저한테 이익이 되지 않습니까. 그뿐만이 아닙니다. 터널만 한 게 아니고 제가 추가 부담시킨 것이 배수지 공사라고 한 게 있습니다. 사업지구 밖입니다. 고속도로 진입로 부분 확장 공사도 했습니다. 그것도 사업지구 밖입니다. 이것을 저희가 인가 조건에 추가로 사업자 선정된 후에 이것도 부가시켰습니다. 저희가 유착돼서 만약에 했다면 이런 걸 왜 저희가 부가를 하겠습니까. 그리고 1공단 얘기 자꾸 하시는데요, 1공단은 만약에 검사님들 주장대로 그럼 민간개발 허가했으면 거기서도 수천억 남겼습니다. 그건 괜찮다는 것입니까. 그리고 1공단 저희가 패소했다고 자꾸 주장하는데 행정소송은 저희가 그때 당시 이겼고, 민사 손해배상은 나중에 결정이 났지만 항소심에서는 정당한 처분이라고 해서 원고들이 패소했습니다. 그것을 알고 계시는데, 그 얘기는 일부러 안 하시는 것 같습니다.

그리고 사소하기는 하지만, 제가 기가 막힌 게 있는데, 성남시 공식 공문서에 쓰여 있는 내용들이 있는데, 그 내용은 이런 내용이 아니지 라고 해서 진술을 강요해가지고 내용을 바꿉니다. 공문서에 쓰여져 있는 내용이 이렇게 쓰여져 있지만 사실은 그 반대다, 이런

대장동의 진실

걸 자꾸 합니다. 조금 전에 이게 뭐 중요한지 모르겠는데 시장실에서 비서실로 연결되는 문이 하나 있습니다. 그걸 왜 만드냐 하면 시장실은 점거당하는 경우가 많기 때문에, 비상구를 꼭 만들어놓습니다. 안 그러면 갇혀서 꼼짝을 못하는 상황이 발생하기 때문에 그랬다는 것입니다.

정진상을 위한 별도의 공간을 만들었다고 지금까지 계속 주장하는데, 별도 공간 없습니다. 그냥 7~8급 다른 민원비서관들하고 같은 장소를 사용했습니다. 정책실장은 선거 때 쓴 직함이라는 것이구요.

공원 조성비 얘기가 있는데, 공원 조성비는 비용이지 이익이 아니다 라고 하는데, 세상에 이런 궤변이 어디 있습니까. 말씀하신 것처럼 1공단은 대장동에 있는 것이 아닙니다. 1공단 매입해서 공원 만들려면 성남시 예산이 듭니다. 사업자가 기본적으로 이건 해야 된다고 기본 옵션으로 붙여놓은 거니깐 그게 문서상으로 비용으로 처리되는 것은 문서에 그렇게 되어 있지만 성남시가 이익을 본 것이 아닙니까, 거기 대장동 개발 이익에서 부담한 게 맞고, 이걸 또 검찰이 제가 허위사실 공표했다고 기소해가지고 제가 대법원까지 가서 무죄 받았습니다. 5,503억 환수한 거 맞다, 대법원 판결에 명확히 확정된 것을 그건 성남시 이익이 아니라고 이렇게 계속 우기

4부 숲을 봐달라

는 것은 성남시가 확보한 이익이 얼마 안 된다는 걸 강조하기 위해서인 것 같긴 한데 좀 과하다는 생각이 듭니다.

선거 때 이 사람들이 저를 도와주었다는데 저는 그 내용을 알지도 못할 뿐만 아니라 이게 말이 안 되는 소리입니다. 왜냐하면 댓글을 써서 도와주었다는데 지금 포렌식이 얼마나 발달해 있습니까. 댓글 한 개라도 찾아내야 될 거 아닙니까. 그리고 남욱 등이 있는 회사 직원들이 댓글을 달았다고 주장하시는 것 같던데, 그 사람들이라도 조사를 해보면 알 것 아닙니까. 그리고 변호사님들께서 잘 말씀하시겠지만 만약에 그 사람들이 선거 때 저를 도와주었다고 하고 제가 그걸 알았다면 그 사람들한테 이익을 주든지 해야 될 것 아닙니까. 6월 4일이 선거였는데 5월 30일에 저희가 지구지정 확정 고시를 했습니다. 그 지구지정의 의미는 뭐냐 하면 그 사람들이 원하는 대로 그 사람들은 자기들이 산 땅을 중심으로 이렇게 부채꼴형으로 산꼭대기도 다 샀기 때문에 그런 걸 다 포함시켜서 사업지구로 지정을 하고 환지를 하자 이런 입장이었는데, 이게 말이 되냐, 산꼭대기 그 경사지를 사서 어떻게 사업지구를 하느냐, 그건 다 뺀다 라고 하는 게 성남시의 입장이었고, 이걸 소위 손가락 모양이라고 하는데 왜냐하면 능선들이 빠져 있으니까 그것을 그때 선거 5일 전인 2014년 5월 30일에 확정했습니다. 이것은 다 빼고, 기존 우리가 성남시가 기획한 구역계로 한다고 확정했습니다. 그 사람들로서는 날벼락이었겠죠, 또 한 가지는 대장동에서 1공단을 분리해달라는 것이 그때까지 계속된 민원이었는데 저희가 그걸 결합구역으로 고시를 해서 확정된 것입니다. 한 번 생각해보십시오. 만약에 제가 그 사람들한테 도움을 받았다면 한 5일 기다렸다가 선거 때까지 이용해먹고 끝난 다음에도 해도 되지 않습니까. 그냥 저는 제가 원래 계획했던 대로 했습니다. 날짜가 돼서 그냥 지구지정 고시했다는 것입니다. 어떻게 유착된 사람끼리 그런 것을 할 수가 있겠습니까.

확정이익 관련해서도 그렇습니다. 저는 건설업체들을 믿지 않습니다. 건설업체들은 대체적으로 소위 대기업의 비자금 조성 통로라고 합니다. 비용을 부풀리거나 무슨 거래 조건을 장난을 하거나 얼마든지 수익을 조정할 수 있습니다. 하다못해 무슨 돈을 빌릴 때도 이자를 한 2~3배씩 더 주거나, 토목 공사할 때도 평당 공사비를 대폭 올리거나 얼마든지 조정이 가능하기 때문에 이익의 몇 퍼센트를 받는다 이렇게 해놓으면, 이게 위례가 그렇습니다. 50% 준다고 했는데 저희가 원래 용역을 한 결과는 1,100억 수익이 예상이 되고, 도시공사가 해본 결과에 의하더라도 천억이 남는 것이었고 그 후에 분양 가격이 올랐기 때문에 훨씬 더 많이 남았을 텐데, 50%를 공사가 배당을 받는다고 해놔서 그런지 최종 결론은 300억이 남는 것이었습니다. 그래서 이 비율로 정하는 것은 사실 우롱당할 가능성이 많기 때문에 경쟁입찰을 통해서 고정액으로 해라, 그리고 얼마를 할지는 경쟁입찰로 하면 되지 않느냐라는 게 제 생각이었는데, 어쨌든 그것이 공사에서 실무 진행을 하면서 조금 왜곡된 것 같기는 합니다만 확정이익으로 하는 자체가 배임이다 라고 하는 논리는 말이 안 됩니다. 행정기관이 투기하는 곳이 아니지 않습니까. 예상이익이라고 하는 것은 앞으로 경기가 좋아질지 나빠질지 모르지만 대체적으로 공감되는 예측치를 두고 거기에 맞춰서 경영기획도 하고 배당도 정하는 거 아니겠습니까. 그런데 만약에 예측한 것과 다르게 부동산 경기가 좋아지면 비율로 하는 게 낫겠죠, 물론 회계 조작이 전혀 없다는 대전제가 필요합니다. 그런데 예측치보다 경기가 나빠질 경우에는 고정액으로 하는 게 훨씬 낫지 않습니까. 행정관청은 안정성을 추구해야지 벤처기업이 아니지 않습니까. 그래서 저는 소위 돈은 사실 마귀인데, 사람들, 부모와 자식 간도 갈라놓는게 돈인데, 과연 이것을 비율로 정해가지고 얼마 남을지 모르지만 얼마로 하라고 하는 게 과연 믿을 수 있겠냐, 제 신념은 이거 절대로 앞으로는 비율 같은 거 하면 안 된다, 무조건 제시를 받아서 최대 확정액으로 하자라고 제가 방침을 정한 것입니다. 그리고 저희가 무슨 고정액을 제시한 것처럼 검찰이 자꾸 주장을 하고 관련자들도 진술하고 있지만, 이것도 명백하게 문서에 있습니다. 2012년 12월 31일에 공모하기 직전에 저희가 보고를 받고 제가 몇 가지 방침을 줬는데 거기 내용에 보면 제가 공사라고 하는 것도 돈에 또 마귀한테 이렇게 홀릴 수가 있다고 판단을 했기 때문에 그 여지를 줄이기 위해서 참으로 노력했는데 그때 제가 거기다가 명시적으로 강조를 했습니다. 이거 경제지 같은 데 다 알려라 많이 홍보해라, 경쟁이 많아져야 한다, 그리고 반드시 경쟁입찰 시켜라, 인터뷰도 해라, 제가 별 시시콜콜한 얘기 다 했습니다. 장난칠 가능성이 있다고 우려가 됐기 때문에 그랬던 것입니다. 그런데 이렇게 제가 경쟁을 하라고 했는데 뭘 경쟁합니까. 얼마나 공사의 이익을 배당할지를 경쟁을 시키라는 의미지, 그걸 고정을 해놓고 무슨 경쟁을 하겠습니까.

그리고 FC 얘기는 제가 사실은 이 부분에 대해서는 구체적 내용을 아는 게 별로 없어서 몇 가지만 말씀드리도록 하겠습니다. 저는 행정을 하는데 시민으로부터 위임받은 권한을 행사하는 것이기 때문에 이 권한 행사로 생기는 정말 불로소득은 개인이 가지면 안 되는 것이고, 가지더라도 상당 부분은 시민들에게 환원해야 된다고 하는 게 저의 신념이기도 하고, 참 터무니없어 보일 수도 있습니다만 제가 이 부분에는 각별히 관심이 많아서 늦깎이로 대학원 진학해서 부정부패 연구도 하고 눈문도 쓰기도 했습니다. 물론 그것이 논란도 있었습니다만 용도 변경을 해주든 인허가를 내주든 그럴 경우에 상당 부분을 환수할 방법을 참으로 많이 고민했고, 여기에서 온갖 인허가를 해주면서 뭘 했다고 하는 주장 중에 보면 저희가 공공으로 환수할 방법을 고민하긴 했지만, 그걸 편법으로 어디다가 몰아주자, 법을 어겨가면서 뭘 해보자, 이런 생각은 꿈에도 해본 바가 없습니다. 저한테 무슨 이익이 있겠습니까. 시민들한테 잘해서 칭찬받는 것은 다른 방법도 얼마든지 있는데 제 인생을 걸고 지금 검사들이 기소한 내용에 의하면 제가 징역 한 50년은 받지 않겠습니까. 제가 왜 그런 일을 하겠습니까. 저도 나름의 법률가이고 그리고 나름 정치인으로 흠 잡히지 않으려고 업자들 한 번 만나서 차 한 잔 얻어 마신 일 없고, 10원짜리 하나 개별적으로 이익 챙긴 일 없습니다.

이 대장동이든 FC든 이 일을 해서 제가 어떤 이익을 취했을 것이다 라고 검찰은 의심을 하고 수년간 뒤지지 않았습니까, 정말 개인적으로는 감내하기 어려운, 뭐 하나마나 하는 소리이긴 합니다마는 정말로 고통스러운 과정을 지금도 겪고 있습니다. 지금도 특별수사단 꾸려서 한다고 합니다. 이것은 2010년 제가 당선된 직후부터 시작된 일인데 이명박 대통령 때도 특별수사 당했고 박근혜 대통령 때도 제가 많이 부딪히면서 그때도 거의 매일 제가 근무일 기준으로 따져보니깐 그때는 4일 중에 3일을 수사와 감사와 조사를 받았습니다. 그때부터 저는 어항 속에 금붕어라고 이렇게 생각을 했고 공무원들한테도 수없이 얘기했고, 내 근처에 있으면 벼락 맞을 가능성이 있으니깐 절대로 절차를 위반하거나 문제될 일을 하면 안 된다고 수차 강조해왔습니다. FC와 관련해서도 보시면 상식 아닙니까. 업자가 공무와 관련해서 어딘가에 현금을 특정해서 지원하면, 저는 그때 당시에는 제3자 뇌물은 꿈에도 생각 못했지만, 기부금품금지법위반이다, 직권남용이다, 이런 다 문제될 수 있는 소지가 있다고 얘기도 있었기 때문에 제가 당연히 조심하지요, 제가 검찰이 주장하는 걸 했다고 하는데 제가 그렇게 해서 얻은 이익이 대체 무엇인지 한번 묻고 싶습니다. 저도 합리적 인간입니다.

그리고 FC와 관련해서 두산 용도 변경 얘기를 복잡하게 하시지만 결론은 단순합니다. 그 흉물이고 동네의 민원거리이고 사람들 무서워하고 거의 20년 방치되어 있었고 기업은 활용 못해서 손실이고 주민들은 무서워서 흉물이라고 하고, 성남시는 거기에 기업들 들어오면 하다못해 재산세라도 소위 소득세 붙는 지방세라도 받을 수 있지 않습니까. 식당이 밥 한 끼라도 팔 수 있겠죠, 원래 바꿔주고 그 상당 부분의 혜택을 공적으로 환수하는 게 좋은 일인데 전임 시장들이 알면서도 하지 않았습니다. 왜 안 했느냐, 나중에 수사를 받을까봐, 제가 이 업무를 공무원들한테 지시하면서도 누차 얘기했습니다. 이거 나중에 특수부 수사 최소한 두세 번씩 받을 수밖에 없는 사안이니까 절대로 문제될 거 하지 마라, 제가 인허가, 용도변경, 도시계획 이런 거 할 때마다 제가 공무원들한테 누누이 강조합니다. 두산건설도 제가 그랬습니다. 이거 바꿔야 되느냐, 말아야 되느냐, 아니 조사받는 게 무섭다고 공무원이 해야 될 일을 안 하면 말이 되느냐, 깨끗하게 문제없이 하면 되지 않느냐, 그래서 저는 자신 있게 했습니다. 다만 환수할 방법을 고민했을 뿐입니다.

　차병원도 그렇습니다. 검찰은 제가 마치 특혜를 준 것처럼 말씀하시는데 반대입니다. 제가 취임하기 전에 전임 시장과 차병원이 합의한 내용은 보건소 부지를 현재 상태로 공공용지 상태로 판다, 그리고 팔고 난 다음에 나중에 용적률 올리고, 용도 바꿔준다, 그거 특혜 아닙니까. 그리고 멀쩡한 보건소를 왜 우리가 우리 돈을 들여서 옮겨야 됩니까. 그래서 그 협약이 터무니가 없고 말이 안 됐기 때문에 제가 고민하다가 나중에 바꾼 게 그것입니다. 당신들이 필요해서 보건소를 강제로 사겠다고 하니 첫째 땅 가격을 용도가 바뀐 가격으로 사라, 그게 수백억 차이가 납니다. 두 번째로 당신들이 필요해서 보건소를 옮기라고 하니 보건소는 당신들이 지어라, 그게 2차 협약 내용입니다. 그전에 이미 용적률은 1,000%까지 올려주기로 협약이 돼 있었습니다. 세 번째 협약의 내용은 뭐냐 하면 저도 그 내용은 지금 정확하게는 잘 모르겠지만, 제가 결재를 해도 세부 내용을 잘 안 보니깐 정확하게는 수의계약으로 팔게 되어 있는데 이게 문제가 있으니깐 제한 경쟁입찰 방식으로 하자라고 바꾼 것이고, 그전에는 보건소를 그러면 어느 정도 규모로 지을 것이냐, 5천 평짜리를 지을 거냐, 5백 평짜리를 지을 거냐, 아니면 원래 기존에 있던 대로 조그마하게 지을 것이냐, 그런 것들이 확정이 돼 있지 않으니깐 대체적으로 그런 걸 좀 세분화한 것 같습니다. 내용을 나중에 비교해주시면 알겠지만 차병원 측이 세 번째 협약에서 특별히 혜택을 봤다고 판단되지 않습니다.

네이버가 지금 제일 논쟁거리일 수 있는데요, 그냥 이것도 단순하게 말씀드리면 네이버를 유치하기 위해서 전임 시장 때 시유지를 감정가격으로 수의계약을 해주었습니다. 특혜를 준 거죠. 지금 현재 땅 가격이 거의 한 2~3배 가까이 올랐습니다. 그런데 그때 당시에 이 수의계약 하면서 성남시와 네이버가 협약을 했습니다. 협약의 핵심 내용은 뭐냐 하면 다른 것이 복잡하게 있지만, 그중에 순이익의 5%를 기금으로 출연해 가지고 이 출연한 기금의 대부분을 성남시를 위해서 쓴다는 내용이 있습니다. 그런데 2014, 2015년 이때만 해도 네이버의 연간 순이익이 수천억입니다. 그 이후에 보면 지금은 1조 원, 1조 몇천억 이렇게 됩니다. 그런데 네이버가 하나도 하지 않았습니다. 계속 문제가 됐습니다. 2013년에 시의회에서 반복적으로 문제가 되었고 언론들도 반복적으로 문제를 제기했습니다. 왜 약속을 안 지키냐, 5% 순이익, 5% 기여하기로 했는데 뭐 했냐, 시민들도 문제 삼았고 언론도 문제 삼았고 그래서 결국은 제가 알기로는 2004년 협약 내용의 일부라도 이행을 하라고 계속 압박을 해서 저는 그 협약의 일부를 이행한 것으로 저는 알았습니다. 만약에 이게 공무와 관련돼서 부당하게 뭘 취득했다는 걸 알았으면 저도 법률가인데 그 협약식을 하는데 제가 참여하겠습니까.

나머지는 변호사님들께서 잘 설명하시리라고 보고, 제가 재판장님과 재판부에 말씀드리고 싶은 것은 이런 식으로 공직자들의 공무수행에 대해서 사후적 관점에서 비판하고 그걸 법적으로 문제 삼으면 정책 결정을 하는 공무원들은 절대로 움직이지 않을 것입니다. 지금 확정이익을 가지고 문제 삼으니깐 예를 들어보면 만약에 그때 부동산 경기가 예측치보다 나빠졌다면 확정이익으로 하는 것이 잘한 거지요, 그런데 다행인지 불행인지 2017년 문재인 정부 집권 이후에 부동산 가격이 폭등했지 않습니까, 그러더니 작년인가 재작년 연말에 부동산 가격이 소위 젊은이들이 영끌 투자를 할 정도로 부동산 가격이 폭등을 했는데, 몇 달 사이에 폭락세로 변해가지고 지금 난리가 나지 않았습니까. 부동산 가격이든 경제예측이든지 정확하게 할 수 있으면 그게 신이지 사람이겠습니까. 그냥 예측하는 것일 뿐이죠. 미리 아는 게 아닙니다. 예지하는 게 아니라 예측하는 것인데, 뒤에 땅값이 올랐잖냐, 오를 걸 예측해서 대비를 했어야지, 왜 안 했냐, 이렇게 하면 현재 그때 당시 상황에 있는 정책 결정권자들은 아무런 결정을 하지 않습니다. 잘 되어도 자기한테 득이 있는 것도 아니고, 잘 안 되면 자기가 형사처벌을 감수를 해야 하는데, 최소한의 징계 책임을 져야 되는데, 왜 하겠습니까. 긴 시간 너무 많은 말씀을 드린 것 같아서 죄송합니다.

성남시와 성남도시개발공사는
다른 조직이다

검찰의 이런 무리한 법리 주장은
이재명 대표의 구속영장실질심사 재판 때
담당 판사로부터 지적을 받았던 부분이기도 하다.

검찰은 대장동 등 사건에서 마치 이재명 시장이 성남도시개발공사의 모든 업무를 보고 받고, 승인하고, 지시한 것처럼 주장했다. 검찰은 대장동, 위례 사건에서 성남시장을 성남도시개발공사 업무와 관련하여 배임죄의 주체인 '사무처리자'라고 전제하고 있다. 또 검찰은 이재명 시장이 대장동, 위례 등 사건에서 민간업자로부터 최대한, 한계치까지 이익을 환수하지 못했으므로 배임이라는 취지로 주장한다.

4부 숲을 봐달라

검찰은 엄연히 다른 조직인 성남시와 성남도시개발공사를 동일시하여 성남도시개발공사에서 벌어진 범행을 이재명 성남시장에게 책임을 묻기 위해 법논리를 무리하게 펼치고 있다. 검찰의 이런 무리한 법리 주장은 이재명 대표의 구속영장실질심사 재판 때 담당 판사로부터 지적을 받았던 부분이기도 하다.

이 부분에 대하여 김윤우 변호사가 대장동 등 사건에 제출한 변호인 의견서 일부를 그대로 옮긴다.

> 배임죄에 있어서, 성남시장의 공사에 대한 주주권행사 및 일부 임원 인사권, 결산 승인권, 타법인 출자 승인권, 업무 관리 감독권, 예산 및 신규 투자사업 타당성 검토의 보고를 받을 권한, 관리·감독권은 성남도시개발공사로부터 신임을 받는 관계도 아니고, 성남도시개발공사의 재산상 사무를 일정한 권한을 가지고 맡아 처리하지도 않으며 달리 성남도시개발공사 재산의 보호 또는 관리하는 관계라고도 볼 수 없으므로, 성남시장과 그 비서는 성남도시개발공사의 사무처리자가 될 수 없다고 할 것입니다.
>
> 따라서 성남시장의 공사에 대한 위 권한들은 자신의 사무이지 타인의 사무가 아니고, 관리 감독권을 갖는다고 하더라도 이 역시 공사와 독립한 외부의 감독자의 지위에서 자신의 사무로서 갖는

권한이지 타인의 사무로서의 임무가 될 수 없습니다.

따라서 기본적으로 배임죄에 있어서 공사의 사무처리자는 공사를 직접 경영하는 공사 사장을 비롯한 공사의 임직원들이고, 간접적인 권한만을 가지는 주주권행사자, 관리·감독자인 성남시장과 그 비서는 공사의 사무처리자가 될 수 없습니다.

가령 공모절차, 사업협약, 주주협약 등 개발이익 배분에 관한 사항은 원칙적으로 공사의 고유 업무로서 성남도시개발공사가 독립적으로 결정할 수 있는 것이고(지방공기업법상 보고, 승인의 대상조차도 아닙니다), 그에 관하여 성남시장과 그 비서는 성남도시개발공사의 사무처리자가 아닙니다.

검사는 이 사건뿐만 아니라 이번에 영장을 청구한 백현동 사건에서도 마치 시장이 공사를 통해서 개발이익을 회수할 임무를 부담하는 것처럼, 공사가 참여를 못해도 배임, 이익배당을 덜 받아도 배임이라는 논리를 전개하고 있습니다. 사실 지방자치단체는 부동산개발법령에 의하여 직접 시행을 할 수 있는 주체로 명시되어 있기 때문에 공사를 통하지 않아도 부동산개발이 가능하고 공사를 통하지 않고 직접 SPC에 출자하는 것도 가능하므로, 위와 같은 검사의 논리를 관철하면 지방자치단체 또는 공사에게 이익이 없는 민간개발을 인허가할 경우 개발이익을 회수하지 않았으므로 모두 배임이라는 해괴한 결론에 이르게 됩니다.

그러나 검사의 이러한 논리는 공무가 배임죄의 사무처리에 해당하지 않으므로, 출발부터 잘못된 것입니다. 공무수행은 공익을 추구하는 것이지 특정 주체의 재산적 이익을 보호·관리하는 것이 아니기 때문입니다. 때문에 시장이 인허가권을 가진 개발사업을 직접 공공개발로 추진하다가 민간개발로 인허가해주었다고 해도 그것은 공무인 인허가권을 공익을 위해 발동한 것이므로, 배임죄의 임무위배에 해당할 여지가 없는 것입니다. 검사의 논리를 유심히 보면 마치 뇌물을 받았으면 위와 같은 임무가 생긴다는 것처럼 느껴지는 부분도 있는데 뇌물이 형법상 보호되는 신임관계를 발생시키는 근거가 될 수 없을 것입니다. 이하 공익을 위한 것이라고 할 때의 의미는 사익과의 이익형량을 마친 후 공익이 우선하는 경우를 의미하지 사익을 모조리 무시하고 공익만을 추구한다는 의미는 아님을 미리 말씀드립니다.

검사의 논리대로라면, 2010. 이명박 대통령의 지시에 따라 LH공사가 대장동 개발을 포기한 것도 국가적인 배임, 국고손실로 의율하였어야 할 것인데 검찰은 LH공사 관련자들의 뇌물죄로만 의율하였습니다. 부산광역시는 민간사업인 '엘시티' 사업과 관련하여 개발이익을 회수할 임무를 다하기는커녕, 그 단지 내 공원과 도로 등 보통 민간사업자가 설치비용을 부담하는 것인데도 시 예산으로 설치해주어 시에 엄청난 손해를 끼쳤음에도 그 지출에 대해, 검사가 배임죄로 의율한 바 없습니다. 그것은 검사가 이명박 대통령의 '사업성이 좋은 사업은 민간이 하고 사업성이 나쁜 사업을 LH가 하라'는 지시와 그에 따른 사업포기가 공무이고 공익에 부합한다고 보았기 때문이고, 부산광역시의 공원과 도로 등 설치도 결국은 공무로서 부산시민의 편익을 위한다는 公益을 위한 것으로 보았기 때문일 것입니다.

성남시 이익을 확보하기 위해 노력한 것 때문에 이 재판을 받고 있습니다*

아마도 제가 이 사건 내용에 대해서 말씀드릴 수 있는 기회가 별로 없을 것 같아서 검찰 주장에 대해서, 그리고 저 개인의 발언에 대한 이야기가 많이 지적됐기 때문에 몇 가지만 말씀드리도록 하겠습니다.

정진상 정책비서관의 위치에 대해서 마치 무슨 조직에 없는 불법적 역할을 맡긴 것처럼 계속 주장하시는 것 같아서 말씀드리겠습니다. 원래 선출직 단체장한테는 소위 별정직이라고 하는 TO가 있습

● 2023. 10. 20. 대장동 등 사건 3회 공판 때 이재명 대표는 직접 진술을 하였다. 이재명 대표가 검찰의 주장, 재반박 주장을 듣고 검찰의 주장을 반박하는 진술인데, 이 진술을 읽어보면 검찰의 주장을 완벽하게 제압하고 있다는 사실을 알 수 있다.

대장동의 진실

니다. 별정직은 그야말로 별도로 정하는 것이기 때문에 정무 역할을 맡을 수도 있고 또 대외 협력 업무 같은 걸 맡길 수도 있고 어떤 역할을 맡길지는 단체장한테 주어진 권한입니다. 그런데 저는 이분이 정책 업무를 주로 캠프에서 맡았기 때문에 저희가 정책 공약을 책으로 낼 만큼 워낙 많이 했기 때문에 일률적 관리를 위해서 정책 그리고 공약을 담당하는 별도로 정한 비서 역할을 맡겼고, 그 일을 하는 것은 전혀 이상하지 않다는 말씀을 먼저 드립니다.

또 한 가지는 공소장에 보면 그런 얘기가 있는데, 제가 주민들한테 지분을 인정하는 방식으로 취임 초부터 민관합동개발을 하려고 했던 것 아니냐 이렇게 말씀하십니다. 그런데 주민참여 방식과 민관합동은 완전히 다릅니다. 제가 구상했던 것은 해당 지역 주민들이 땅을 시가에 강제수용을 당하면 너무 억울하니 그로부터 생기는 이익의 일부를 주민들한테 일부라도 누리게 해주자라는 생각에서 약 10%내지 15%를 해당 지역 주민들에게 지분을 주는 방안을 내심 구상했습니다. 이것은 그들이 무슨 자본 투자를 하거나 해야 되는 것도 아니고, 이익을 나누는 것도 아니고, 토지주로서 참여하는 것이 아니라. 해당 지역의 주민으로서 참여하는 방안을 검토한 일이 있습니다. 그걸 아마도 검찰에서는 처음부터 민관합동개발을 염두에 둔 발언이라고 생각하시는 것 같아서 그 점을 좀 지적을 합니다. 초기에는 명확하게 성남시 예산을 100% 투자하되, 지분은 제

3섹터방식으로 해서 주민들에게 10% 정도 또는 15% 정도 지분을 인정해줄까 하는 생각을 했었다는 말씀을 드립니다. 좀 다르다 라는 말씀을 드립니다.

위례사업이 수의계약 대상인지 아닌지에 대해서 지금 이견이 있으신 것 같은데 저는 당시에 당연히 이제 물품 구매도 아니고 하기 때문에 당연히 수의계약을 할 수 있다고 생각했고, 실제로 대장동 관련 공사의 입장도 도시개발사업임에도 불구하고 민간사업자를 그냥 지정할 수가 있기 때문에 이걸 수의계약을 할 수 있다는 점도 너무나 당연한 거라고 저는 생각했습니다. 지금도 그렇게 믿습니다. 녹취록의 표현은 '졸라 싫어하지, 니네' 사실 그렇게 표현되는 것 이상으로 저는 이들을 혐오했습니다.

부동산 투기세력들과 싸우다 제가 구속된 일까지 있었고, 우리 사회의 부의 분배 구조를 왜곡하는 대표적 케이스가 부동산 투기라고 봤기 때문에 대장동 토지를 대부분 매입해놓고 주민들을 앞세워서 대규모 이권을 취하려고 공무원들 매수하고, LH에 로비해서 포기시키고 정치권 특히 성남 정치권 내 소위 그때 당시 한나라당 국회의원 쪽에 로비해가지고 돈을 막 뿌려대고 그런 것들을 제가 너무 혐오했기 때문에 이들을 성남시에 발 못 붙이게 하려는 것이 저의 명확한 방침이었고 이것을 간부 회의나 또 언론인과의 간담회

나 주민들과 간담회 할 때 제가 수시로 얘기했습니다. 이들 업자들의 귀에 들어가서, 당신들은 절대로 여기서, 이 개발사업에서 성공을 못한다 라는 걸 알게 하기 위해서 그랬습니다. 이런 것이 실제로 알려져서 검찰이 수사한 내용에도 나오는 것 같습니다만 주민들의 대화 속에 이 남욱이라는 사람은, 저는 남욱이라는 사람 이름은 그때는 몰랐고 이○○밖에 몰랐지만, 하여튼 당신은 성남시에서 싫어하니까 사업권 못 받는다고 하니 당신은 손 떼라고 해가지고 남욱이 쫓겨날 뻔했다고도 합니다. 저희 입장에서는 이 사업 끝난 다음에도 이들이 여기 사업에 관여했는지 몰랐지만 만약 검찰 주장대로 싫어하다가도 개인적인 사적 이익 때문에 그들과 유착을 했을 것이다 라고 아까 말씀하시던데 그렇다면 뭔가 계기가 있어야 될 것 아닙니까? 그런데 제가 그들과의 이런 감정적인 또는 가치관에 따른 갈등 관계를 바꿀 계기는 전혀 없었습니다. 선거 자금 마련하려고 싫어하면서도 유착했다고 이런 말씀도 하시는데 선거 때 제가 도움을 받을 것이라면 상식적으로 생각해보건데 아까 변호인께서도 지적했지만 제가 무엇 하러 2014년 선고 직전인 4월 달에 업무 위탁하면서 공사 또는 공사가 출자한 SPC만 사업 시행자로 하라고 했겠습니까. 그 당시에 대장동에 투자를 한 그 사람들이 이상한 회사 만들어서 그 지분을 사고 팔고 하는 그런 작전을 쓴다는 얘기가 있었기 때문에 원천 봉쇄했던 것입니다. 5월 31일 날 사업 구역 지정에서 그들의 꿈도 거의 다 무너졌죠, 선고 앞두고 이럴 리가 없지 않습니까. 그리고 만약에 이들이 저의 대선 자금을 마련하기 위해서 이런 유착을 했다고 하면 상식적으로 생각해보면, 2022년 선거가 아마도 가장 근접한 여야의 대선이었는데 그럴 때 돈을 써야지 대통령 되고 난 다음에 무슨 노후 자금으로 주기로 했다고 말을 바꾸던데 그게 상식적으로 말이 되는 얘기겠습니까?

그리고 위례신도시, 위례 개발사업 관련해서는 검찰이 그렇게 명확하게 주장합니다. 공약이었기 때문에 유동규도 마찬가지입니다. 공약이었기 때문에 해야 된다 라고 하는데, 제가 2013년 5월 3일 날 기자회견에서 이거 공약 포기한다고 발표했습니다. 포기한 공약이라고 공개적으로 발표까지 했는데 거기에 미련을 가질 이유가 뭐가 있습니까.

성남FC 관련해서 한두 가지 말씀드리도록 하겠습니다. 다른 것은 다 지적을 한 것 같아서 생략하겠지만 제가 알기로는 박근혜 대통령의 제3자 뇌물수수 사건에서 미르재단이라고 하는 게 문제가 됐고, 미르재단과 성남FC가 사실 같은 것 아니냐는 논란이 많았습니다. 그런데 미르재단은 아시는 것처럼 그 운영의 성패가 개인에게 귀속됩니다. (중략) 그런데 여기 FC는 그런 게 전혀 없었다는 말씀을 드리는 것입니다. 그리고 조서 내용에 보면 검찰이 계속 그걸 문제를 삼는데 성남시가 돈이 없어서 운동 선수단을 해체하면서 왜 축구단, 야구단을 만들었냐 라고 계속 몰고 가고 있는 것 같습니다. 그런데 이건 시점 차이가 있습니다. 성남시 운동부를 해체한 것은 2010년 말이고, 그때 워낙 재정이 어려워서 그랬던 것입니다. 한 3~4년 지나면서 성남시 재정 문제가 상당정도 해결이 되었기 때문에 축구단, 야구단을 3~4년 지난 후에 시작했다는 말씀을 드립니다. 또 한 가지는 자꾸 무슨 지방선거에 이용하려고 그랬다고 이런 얘기하는데 이 시점을 잘 보시면 지방선거는 2014년 6월에 있습니다. 2013년 말에 인수를 했고 재정이 문제된 것은 지방선거가 끝난 이후입니다. 그런데 무슨 지방선거를 자꾸 여기다가 연결을 시키는지 잘 모르겠습니다.

대장동 얘기 중에 제가 아까 참 놀랐던 것이 200억 주차장 비용 문제는 일단은 검사님 말씀이 맞습니다. 이게 원래 공모 조건에는 없던 것인데 협약 과정에서 추가로 공사 측이 요구해서 들어갔는데 다만 그 규모나 내용이 정해져 있지 않았습니다. 주차장 건설을 지원한다는 정도지 어느 정도 규모로 할지가 미정이었습니다. 10억일 수도 있고 50억일 수도 있고 500억일 수도 있는 거죠. 그런데 이제 나중에 400면, 200억으로 추가됐다는 것입니다. 이것은 제가 지시한 내용이 아닙니다. 공사가 스스로 알아서 추가 확보한 것입니다. 제가 칭찬해준 기억도 있는데 문제는 이게 이중계산됐다는 것은 전혀 사실이 아닙니다. 뭘 보고 그러셨는지 모르겠는데 전자계

4부 숲을 봐달라

산기를 두드려보면 딱 나옵니다. 사업공모 당시에는 2,561억 딱 정해놨습니다. 1공단 토지 매입과 공사비까지 합쳐서 2,561억 공사하고, 돈이 남으면 남은 돈은 성남시인지 공사인지 하여튼 지급하기로 되어 있습니다. 딱 고정이 된 거죠. 이후에 지하 주차장 공사비가 200억이 추가가 되면서 2,761억이 된 것입니다. 그리고 실제 공사비가 얼마 들었는지 몰라도 원래 예정에 없던 터널 공사비, 배수지 공사비, 도로 진입로 공사비 이 세 가지를 합쳐서 920억 추가로 부담시켰다고 정확하게 문서가 왔기 때문에, 저는 920억을 추가 부담했구나 라고 생각하는 것입니다. 실제 공사비가 터널 공사비가 620억이 들었는지 580억 원이 들었는지 저희로서는 알 수가 없죠. 원가가 얼마인지 어떻게 알겠습니까. 실제 입찰 과정에서 액수가 줄어들 수도 있겠죠. 그러나 분명한 것은 1공단 관련돼서는 2,761억이었고 공사가 우선 배정받기로 한 1,822억을 두 가지를 합치면 5,503억이 됩니다. 여기서 뭘 주차장 공사비를 이중계산했다는 건지 좀 이해가 안 됩니다. 그리고 무슨 선해 요청을 했다는 게 무슨 말인지 저도 잘 모르겠는데 계산상으로는 추가 부담시킨 건 분명한 사실이고, 그리고 5,503억은 대법원 판결에서 확정된 성남시 개발이익 환수 금액입니다. 물론 재판에서는 환수했다 라고 말했다고 환수하는 중인데 왜 했다라고 과거형을 썼느냐 라고 문제를 삼았지만 그러나 이게 개발 이익으로 성남시가 환수했다는 사실은 검찰도 인정하고 법원도 인정했던 것입니다. 성남시 환수한 개발이익은

5,503억이다, 이게 대법원 판결로 확정된 것인데 왜 자꾸 2,761억은 빼는지 이해를 못하겠습니다. 자꾸 비용, 비용 하시는 게 그게 회계 장부에 비용이라고 쓰여 있든 이익이라고 쓰여 있든 분명한 것은 대장동을 개발하는 데서 생긴 이익 중 일부로 1공단 공원화사업을 위해서 토지 매수하고 공원화사업을 했다는 것입니다. 성남시에 이익이 됐지 않습니까. 대장동 개발에서 나온 이익으로 한 것이 맞지 않습니까. 형식적인 문구를 가지고 그럴 것이 아니라 실질에 따라 판단하는 게 맞겠다는 그런 말씀을 꼭 드립니다.

그리고 지금 검찰은 성남의뜰도 나중에 협약을 통해서 140억인가 관리명목으로 돈을 받았는데 왜 공사가 안 받았냐 라고 주장하지만 공사도 용역비 명목으로 278억인가 280억인가 받았습니다. 제가 이거 그냥 귀찮아서 계산을 합산을 안 했을 뿐이지 그것까지 합치면 한 5,800억 된다는 그 말이었습니다. 계산 방식을 좀 이해하시면 좋을 것 같고요.

또 한 가지는 그 이익 규모에 관한 것인데요, 저는 실제로 그렇게 생각했습니다. 제가 이 사업성을 정확하게 계산할 수 있는 사람은 아니니까 그냥 평당 200만 원 남으면 6천억 남는 것이고 300만 원 남는다면 9천억 남는 것 아니냐, 실제로 토지 개발에서 생긴 이익, 아파트로 분양해서 생긴 이익, 이런 것들을 합치면 상당한 이익이 되는 건 사실인데 그런데 그거야 비전문가적인 그냥 때려잡는 수준의 추산일 뿐이고 추산도 못 되겠지만, 그러나 공무원들이 나름의 근거를 가지고 평가를 해본 결과에 의하면 사업성 개선 없이 150% 용적률 저밀도로 지을 경우에 대개 분양사업까지 해도 300억밖에 안 남는다, 1공단 공원화하기에도 부족하다 이런 여러 차례의 보고들이 있었기 때문에 사업성 개선을 검토하게 된 것입니다. 2014년 9월에 저희가 용적률을 150에서 180으로 올리고 터널 공사비는 빼고 임대 아파트 부지는 조정하고 했던 것 같은데, 중간 용역 보고에서 그때 당시에 사업성 개선을 안 한 상태에서는 1공단 공원화하고 나면 1,200억인가 1,300억밖에 안 남아서 1조 5천억이 투자돼야 되는 사업에 민간사업자들이 참여할 가능성이 적다, 안 하면 큰 일이 아닙니까, 아예 못하게 되니까 그래서 사업성 개선을 할 수 있도록 조치를 한 것입니다.

그때 민간사업자 선정되지도 않은 상태인데 그게 어떻게 민간사업자들의 몫을 늘리기 위한 행위가 될 수가 있습니까. 사업성 개선을 해서 민간사업자들의 응모, 공모에 많이 참여 하도록 하기 위한 것이었다는 말씀을 드리고 왜곡 안 하시면 좋겠습니다.

그리고 제가 SNS나 연설에서 이런저런 얘기했다고 하지만 그건 비전문가가 이렇게 많이 남은 사업을 민간에다가 허가해주면 되겠냐, 이렇게 많이 남는 사업이니깐 공공이 개발해서 상당 부분을 시

대장동의 진실

나 시민들이 차지해야 되는 것 아니냐 이런 얘기를 한 것입니다.

그리고 경영을 왜 성남시가 또는 공사가 안 하고 민간이 하도록 내버려뒀냐 이런 말씀하시는데 상식적으로 생각해보십시오. 이 사업의 기본 컨셉은 도시공사나 성남시는 위험 부담을 하나도 안 한다, 확정된 일정의 이익을 확보한다, 나머지는 민간업자들이 노력하되 위험 부담도 민간업자가 하고, 재정 부담도 민간업자가 하고, 경영이나 사업도 다 민간업자가 하는 걸 전제로 한 것입니다. 전문성도 없는 공사가 어떻게 경영을 합니까. 좀 억지라는 생각이 들고 그건 기본적인 이 사업 기획에 반하는 얘기다 라는 말씀을 드립니다.

그리고 건설업체와 관련된 말씀을 하셨는데 비율로 했을 경우에 만약에 분식회계나 이런 걸로 총 수익이 줄어들면 민간업자도 수익이 줄어들지 않느냐 이렇게 말씀하시잖아요. 민간업자들은 확정액으로 시나 공사의 몫을 정해놓으면 그 몫을 줄이기 위해서 노력할 필요가 없습니다. 근데 만약에 일정액 남는 것 중에서 일부분을 비율로 준다고 하면 뒤로 부정행위를 해가지고 비용을 부풀리면 부풀리는 비용의 절반만큼 자신들의 이익이 됩니다. 상식적이지 않습니까. 어떻게 비용을 부풀리냐, 검사님들 너무 잘 아시잖아요, 방법이 한두 가지겠습니까. 토목 공사 비싸게 주거나 돈 빌리는 거 비싸게 이자 주거나 인건비 비싸게 주거나 용역비 비싸게 주거나, 비싸게 주는 방법이 얼마든지 있습니다. 이건 좀 억지라는 말씀을 드립니다. 공산당 얘기는 저도 이해가 안 되는 얘기여서 생략하도록 하겠습니다.

그리고 아까 말씀 중에 민간업자들이 하는 게 뭐가 있냐, 돈 빌려온 것밖에 한 것이 더 있냐, 이렇게 말씀하시는데 건설사업에서 자금 조달이 제일 중요합니다. 자금 조달이 안 돼서 사업이 표류하다가 부도나는 게 건설업체의 실태입니다. 지금 제대로 조달이 안 되고 작동이 안 돼서 건설업체들이 망한다고 아우성 아닙니까. 자금 조달이 그렇게 쉬운 일입니까. 오히려 자금을 조달하고 불확실한 미래의 위험을 책임지는 것이 훨씬 더 큰 역할이라는 말씀을 드립니다.

서판교터널 관련해서도 말씀드리겠습니다. 터널이나 공원이나 도시 기반시설은 기본계획에 넣고 그다음 단계로 하는 것이 실시계획입니다. 서판교터널은 기본계획에 이미 있습니다. 주민들도 다 알고 있습니다. 언제 하느냐만 문제죠. 검사님 말씀대로입니다. 그래서 그 언제 하느냐를, 실시계획을 저희가 정한 것입니다. 처음에는 대장동 사업자들에게 대장동 사업의 일환으로 하게 하는 것을 구상했는데 그렇게 하면 사업성 부족으로 응찰할 기업이 없을 수 있다 라는 지적 때문에 사업성 개선을 위해서 이것은 일단 빼고 원칙적으로는 어차피 성남시가 해야 되니까, 도시계획 시설사업으로 성남시 예산으로 하는 거죠. 그런데 만약에 사업성이 개선돼서 부동산 사업자가 많이 남을 것 같으면 실시계획 인가 때 사업주한테 부담시키는 것을 검토하자 라는 게 그때 당시 용역 보고회의 때 논의된 사항입니다. 뭘 결정해가지고 비밀로 정한 사항이 없습니다. 만약에 사업자한테 부담을 못 시키면 성남시 예산으로 하는 거고 성남시 예산 상황이 어려우면 또 더 미뤄질 수도 있는 것이고, 가능하면 사업자한테 부담시킬 수 있는 거죠. 이걸 왜 이상하게 해석하는지 모르겠습니다. 제가 이 터널 공사비가 620억이든 아니면 500억이든 아니면 300억, 400억이든 간에 제가 그들을 도와주려고 그랬다면 어차피 성남시에 필요해서 원래하기로 돼 있던 것이니깐 그냥 성남시 예산으로 하면 누가 뭐라고 합니까. 아무 문제가 안 되지 않습니까. 배수지 공사도 사업구역 밖에 있는 것입니다. 그냥 성남시 예산으로 하면 됩니다. 고속도로 진입로 부분도 마찬가지 아닙니까. 원래 그 해당 사업지역 안에 있는 것도 아닙니다. 그런데 이것을 제가 사업성이 개선되는 것 같으니깐 사업주한테 부담시키라고 해서 결국 그렇게 부담한 것 아닙니까. 그들의 동의를 받긴 했지만 사실상 억지로 했다고 해서 소송 준비하고 있다고 하지 않았습니까. 녹취록에 나옵니다. 터널, 1공단 부당결부로 반환 소송 준비하자, 남들은 수천억씩* 돌려받았더라, 우리도 하자, 그런 내용도 있고, 그것을 부담시켰다고 저한테 욕하고 그랬다는 것이 공식적으로 다 알려져 있지 않습니까.

　이익과 관련해서 한번 보겠습니다. 1공단은 저는 이걸 결합개발을 하게 되면 1공단의 실제 소유자는 군인공제회 이런 곳이기 때문에 환지할 수가 없습니다. 환지를 하게 되면 비용을 제외한 상응한 토지를 다 다시 주어야 합니다. 그렇다고 1공단은 수용하고 대장동은 환지하고 또 그렇게 하는 것도 부당하지 않습니까? 당연히 소송 대상이죠. 결합개발한다는 것은 당연히 수용하는 걸 의미합니다. 그리고 환지사업이라고 하는 것은 이익을 남길 수 있는 사업이 아닙니다. 그래서 이 두 가지를 섞는다는 건 매우 어려운 일이고 현실성이 없다고 아까 보여드렸지만 보고서에 있는 내용 중에 밑에 있던 네 줄을 지웠다 결국 환지하려고 그랬던 것 아니냐, 혼용 방식 하려고 했던 거 아니냐 라고 하지만 결합개발을 하는 한 현실적으로 강제수용을 할 수밖에 없습니다. 그리고 그 용역보고서의 결론이 그것입니다.

　결합개발을 할 경우에는 도시공사가 SPC를 만들어서 강제 수용하는 것이 합리적이다. 다른 것은 불가능하거나 어렵다, 그 내용이

●　법원 공판조서에는 "수천원씩"으로 기재되어 있으나 문맥상 "수천억씩"으로 기재함.

라는 말씀을 드립니다. 결국에 결합개발을 한다면 그 사업이 나중에 돈이 안 남는 결과가 발생하더라도 이거는 동시에 집행해야 되기 때문에 사실은 성남시는 이 공원을 확보하는 것입니다. 안정성이 있죠. 최우선 배당보다 더 우선적인 사업이 되는 것입니다. 나름대로 그런 점들을 고려했던 것이고, 두 번째로는 이게 소송이 들어오니깐 1공단에 펀딩이 안 돼가지고 사업자들이 돈을 안 댄다고 사업이 무산될 수 있어서 그래서 1공단을 떼라 라고 해서 한 1년 동안 갑론을박을 하다가 결국 1공단을 분리하게 됩니다. 분리한 다음에 1공단에 대해서는 그러면 이게 부당결부금지가 문제가 될 수 있지 않습니까, 사업지 밖의 공원을 만드는 일을 왜 그 사업의 이익으로 하게 하느냐 라는 것이 문제가 될 수 있기 때문에, 나름의 각종의 장치들을 만들어서 인가 조건으로 붙이고, 결국 그 대장동 사업자들이 현금 출연을 해서 그 현금으로 땅을 사고 공원을 만든 것입니다. 당연히 이때는 비용도 아니죠. 추가 출연입니다. 회계상으로 뭐라고 표현되어 있든 간에 성남시의 개발이익은 분명하다는 말씀을 드립니다.

땅장사 얘기만 하고 마치겠습니다. 제가 꽤 오랫동안 시민운동하면서 지켜봐왔는데, 성남시는 특히 분당을 끼고 있어서 개발압력이 높기 때문에 땅의 용도를 바꿔주면 거기서 엄청난 불로소득이 생깁니다. 그것 때문에 부정부패가 많았습니다. 제가 그것을 막다가 구속까지 된 일도 있습니다. 그래서 저는 개발허가라고 하는 이런 단순한 시장의 사인 한 장으로 생긴 수백, 수천억의 이익을 나름 최대한 시 또는 시민들에게 돌려주자 라는 신념을 갖게 되었고, 그걸 또 공약을 하기도 했습니다. 이것을 이렇게 하면 1조 원 정도는 만들 수 있겠다, 과하게 표현하면 제가 그래서 1조 원 얘기를 했던 것입니다. 실제로 제가 2017년에 보니깐 저희가 이런 방식으로 환수 한 게 가스공사 부지, 위례 등등으로 저희가 환수한 게 7,200억이 훨씬 넘었습니다. 그런데 사실 땅장사라고 하는 게 민간이 가지고 있는 일정한 토지를 농지인데 상업용지로 만들어준다든지, 주거용지를 상업용으로 바꿔준다든지 이렇게 하면 그 개발이익이 전부 개인에게 귀속되지 않습니까. 저는 공공부분에서 예를 들면 공공용지로 매입해서 이것을 업무용지로 바꿔서 대기업이나 기업을 유치할 수 있다면 그건 당연히 해야 될 일이라고 봤습니다. 그래서 실제로 여러 가지 FC에서 문제 삼고 있는 그런 기업들의 용도를 바꿔준 거죠. 그렇게 하는 게 부도덕하지는 않지 않습니까. 필요한 일들을 하는 것인데 그런데 이게 아까 말씀하셨던 도시공사에 체비지 즉 일정 용도가 제한된 체비지 상태에서 정상 가격으로 팔아줄 테니 공사가 알아서 그것을 주거용지로 아파트 부지로 바꾼 다음에 그것을 제3자한테 팔면 1,200억 정도 더 남을 테니 그거 너 가져라, 그리고 그것을 산 아파트 분양업자하고 동업해가지고 10% 투자한 다음에 250억 남겨서 너 가져라, 이게 어떻게 개발이익을 나누는 것입니까? 도시공사가 용지 매입해가지고 성남시에 부탁해가지고 우리

대장동의 진실

비싸게 팔아서 차익을 남겨야 되니까 공공주택 용지로 공동주택 용지로 바꿔달라고 하면 그 성남시가 어떻게 바꿔줄 수 있겠습니까. 그야말로 인허가권 남용 아닙니까. 자칫 잘못하면 배임죄로 저를 또 걸지도, 또는 제3자 뇌물로 걸지도 모르죠. 그래서 이것은 좀 다른 것이라는 말씀을 드리고 싶습니다. 제가 좀 말씀을 많이 드린 것 같은데 정말 이런 기회 주셔서 감사드립니다. 저는 이 생각이 듭니다.

저는 성남FC 관련된 일이든, 대장동 관련된 일이든 또 재판부로 지금 이송돼온 백현동에 관한 것이든 성남시의 이익을 확보하기 위해서 노력했고, 그것 때문에 제가 지금 이런 재판까지 받고 있습니다. 만약에 제가 성남시의 이익이고 뭐고 따질 거 없이 그냥 민간개발 허가해주고 대장동도 그냥 민간개발 허가하면서 인가 조건에 1공단 공원화해라 라고 한들 또는 그냥 개발 허가해준들 문제가 되겠냐 싶은 생각이 듭니다. 성남FC는 변호인께서 많이 말씀하셨지만, 저는 업자들을 만나서 무슨 그런 부탁 들어본 일도 없고 제가 그들한테 그런 부탁한 일도 없고 제가 왜 거기서 관여됐다고 하는지 이해가 되지 않습니다.

결국 공소장 내용을 보면 정진상이 한 일이 곧 이재명이 한 일이다. 그런 내용입니다. 정진상과 이재명이 무슨 일을 어떻게 구체적으로 모의를 했는지 공모를 했는지는 전혀 없습니다. 그냥 가까운 사이니깐 책임져야 된다는 그런 것 아닙니까? 저는 이게 헌법상 연좌제 위반 아니냐는 생각까지 듭니다. 개별 책임의 원칙이라고 하는 헌법의 대원칙에도 어긋나는 것이 아닌가 생각이 듭니다. 하다못해 허위로라도 이재명과 정진상이 모여서 이렇게 모의를 했다 라는 내용이라도 써져 있기라도 해야 되는 거 아닙니까. 그리고 대장동 관련해서는 검사님이 다행히 이 점을 인정해주셔서 감사합니다. 이재명이라고 하는 성남시장에게는 개발이익을 환수할 의무가 없지요. 그런데 일단 약속을 했으니까, 1조 원 마련하기로 약속을 했으니깐 또는 공사를 만들었으니까 그때부터는 의무다 이런 말씀 아닙니까. 저는 행정기관장이 가지는 재량권 또는 권한이 그 기관장의 말, 약속, 또는 행위 때문에 의무로 전환된다, 임무가 된다 라는 점을 도저히 공감할 수가 없습니다. 하다가 중단할 수도 있지 않습니까. 공공개발을 추진하다가 이것이 복잡하니까 그냥 허가 내주자 해서 그냥 허가 내주면 배임죄가 되는 것이 아니지 않습니까. 그 말씀을 드리고 다시 한번 말씀드리면 이런 기회 주셔서 고맙습니다.

검찰의 해괴한 계산법

이 중요한 사건에서 배임 결론을 바꿨다는
사실은 그 자체로 검찰의 기소가 얼마나
부실한지를 상징적으로 말해준다.

검찰은 2021. 11. 1. 유동규를 특정경제범죄가중처벌등에관한법
률위반(배임)으로 기소하였는데, 배임 액수가 '651억 5천만 원 + α'
였다. 검찰이 651억 5천만 원 + α를 도출한 계산 방법은 택지 가격
을 평당 1,500만 원으로 계산해야 하는데 1,400만 원으로 계산하였
으므로 그 차액이 651억 5천만 원이 배임이라는 것이다.

검찰이 주장하는 평당 1,500만 원의 근거는 무엇일까? 검찰은

"하나감정평가법인에 의뢰하여 2015. 3. 4.자로 제출받은 가치평가 보고서"를 근거로 삼았다. 그러나 김윤우 변호사의 반박에 의하여 검찰의 주장은 신빙성이 없다는 사실이 드러났다. 이 서류의 진짜 명칭은 "대장동 결합도시개발 사업완료 후 가치 검토보고서"이고, 이는 작성자인 진○○ 감정평가사 진술에 의하면, 감정평가서가 아니라 미래를 예측하여 사업상 판단을 돕는 컨설팅 업무보고서에 불과하다. 이를 알면서도 검사는 증거가치를 왜곡하기 위하여 "객관적 감정 자료"라고 포장한 것이다.

반면, 평당 1,400만원은 이른바 독립기업 간 거래 또는 공정거래(arm's length transaction)의 가격(at arm's length price)으로서 더 정확한 시장가격이라고 할 수 있다. 이 가격은 정영학 등 민간사업자가 금융권과 컨소시엄 협약을 맺은 가격일 뿐만 아니라, 킨앤파트너스앤파트너스와 토지매매계약을 맺은 가격이어서, 거래가 없이 일방적으로 추정된 가격보다 가격지표로서는 현저히 우월한 시장가격의 성격을 가진다(감정평가규칙 제11조에 거래사례비교법이 시장성의 원리에 기초한 감정평가방식이라고 규정).

검찰의 최초 배임액 산정이 위와 같이 부실했기 때문인지 검찰은 이재명 대표, 정진상 실장을 기소할 때 배임 결론을 전면 변경했다. 이 중요한 사건에서 배임 결론을 바꿨다는 사실은 그 자체로 검찰의 기소가 얼마나 부실한지를 상징적으로 말해준다. 그런데, 변경후 배임 결론은 더 엉망이다.

이재명 대표, 정진상 실장에 대한 검찰의 대장동 관련 특정경제범죄가중처벌등에관한법률위반(배임) 공소사실의 결론 부분은 아래와 같다.

> 이로써 피고인들은 유동규, 정민용 및 김만배, 남욱, 정영학 등과 공모하여, 성남시장 등의 업무상 임무를 위배함으로써 대장동 개발사업의 택지분양사업 및 화천대유 사업기회를 유용한 5개 필지 공동주택 분양사업에 따라 발생하는 전체 배당가능이익에 대하여 공사가 확보했어야 하는 70%의 적정 배당권 행사에 의하여 보장받을 수 있었던 배당이익 672,533,264,293원에서 공사가 지급받은 배당금 183,000,000,000원의 차액인 489,533,264,293원 상당의 재산상 손해를 가하고, 같은 금액 상당의 재산상 이익을 취득하거나 취득하게 하였다.

좀 복잡해 보이지만, 검찰의 주장은 간단히 말해서, 성남도시개발공사가 대장동 사업에서 발생한 전체 배당가능이익의 70%인 672,533,264,293원을 가져와야 하는데, 183,000,000,000원만 가져왔으니, 차액 489,533,264,293원 상당이 배임이라는 취지이다.

그러면 도시개발공사가 70%를 가져와야 한다는 근거가 무엇인가? 검찰은 공소장에서 "결국 피고인들과 유동규, 정민용은 공사의 공모지침서 작성 과정에서 피고인들의 개발이익 확대에 대한 기여도, 종래 개발이익의 50%를 성남시 측에 제공하려 했던 민간업자 측의 제안내용, 다른 개발사업 및 같은 민간업자들과 합작했던 위례 개발사업에서의 이익배분 사례 등을 근거로, 또한 인허권자이자 성남의뜰 대주주로서 우월한 지위에 기한 협상을 통하여, 민간업자와의 이익 배분 과정에서 개발이익의 70%를 공사의 적정 배당이익으로 충분히 확보할 수 있었음에도 추가 개발이익 환수 주장을 배제함으로써 김만배 등 민간업자들의 이익이 극대화될 수 있도록 확고한 기반을 조성해주었다"고 그 근거를 밝혔다. 검찰이 70%를 배임의 기준으로 제시하였으나, 내용을 살펴보면 알 수 있듯이 어떤 객관적인 근거에 의하여 정한 것이 아니라 검사의 견해에 불과하다는 사실을 알 수 있다.

실제로 재판에서 김윤우 변호사가 조목조목 근거를 들어서 검찰이 주장하는 70%기준이 설득력이 없다고 주장하였으나 검사들은 아무런 반박도 하지 못하였다.

검찰의 배임 결론에는 또 하나의 해괴한 계산법이 있다.

성남의뜰은 1공단 공원화 비용 2,761억 원을 투입하여 공원을 만들었다. 1공단 공원화는 이재명 시장이 성남 원도심 주민들에게 해준 선물이었다. 이재명 시장이 대장동 개발사업에서 얻은 수익에서 2,761억 원을 덜어서 공원을 만든 것이다.

그러나 검사들은 1공단 공원화 비용 2,761억 원을 성남도시개발공사가 받은 이익에서 배제해야 한다고 주장한다. 검찰의 논리는 성남의뜰이 이 2,761억 원을 회계처리 할 때 '이익'으로 규정하지 않고 '비용'으로 규정했기 때문에 성남도시개발공사는 성남의뜰의 '이익'에서 배분받은 것이 아니므로 성남도시개발공사가 받은 '이익'이라고 볼 수 없다는 것이다.

검찰의 논리는 '말도 안 된다'라고 말할 수밖에 없다. 어이가 없어서 말이 안 나온다. 내 친구가 배고픈 나를 위하여 빵을 한 개 사서 나에게 줬고, 그 빵을 먹고 나는 배가 부른데, 내 친구가 친구로서의 의무 때문에 지급한 빵값이므로 '비용'으로 처리했으니, 내가 먹은 빵은 빵이 아니다 라는 말과 같은 말이다. 해괴하다고밖에 할 말이 없다. 검사가 어찌 이런 주장을 얼굴색 하나 변하지 않고 법정에서 할 수 있는지 모르겠다. 검찰의 논리를 이해하지 못하는 내가 바보인지, 아니면 검사가 뻔뻔한 것인지 모르겠다.

과연 검찰이 짠 배임 구조가 판사를 설득할 수 있을까? 나는 아니라고 본다.

재판장님, 검사들이 한마디도 반박하지 못했다는 사실을 기억해주십시오

2023. 10. 20. 재판 때 검사의 주장, 변호인의 반박, 검사의 재반박, 변호인의 재재반박 순으로 진행된 재판에서 검사의 재반박, 변호인의 재재반박이 있었다. 그런데 검사들은 변호인들의 주장에 대해 이런저런 반박을 했으나 모두 쟁점에서 벗어나서 말꼬리를 잡는 것이거나 지엽말단적인 부분에 대한 반박이었을 뿐이었다. 검사들은 변호인들이 이 사건이 무죄라고 주장한 핵심 주장에 대하여는 단 한마디도 반박하지 못했다. 나는 이 점을 재판장에게 명확히 해둬야 한다고 생각했다. 나는 아래와 같이 발언했다.

변호인으로서 재판부에 말씀드리겠습니다. 저는 저희 변호인들이 변호인 측 주장을 했기 때문에 거기에 대해서 반박하는 검사님들의 반박은 저희 변호인들이 했던 주장 중에 가장 본질적이고 핵심적인 부분에 대해서 반박이 나올 줄 알았습니다. 그런데 들어보니까 전혀 그렇지 못합니다.

지난 번에 상피고인 이재명께서 이런 말씀을 하셨습니다. "사건의 숲을 봐야지 현미경을 들고 DNA를 찾듯이 해서는 안 된다." 그런 말씀을 하셨습니다. 변호인들은 이 숲은 참나무숲이라고 주장을 했는데 검사님들은 이 숲은 소나무숲이라고 주장하는 꼴이 아니겠습니까. 그러면 변호인들이 참나무숲에 해당되는 결정적 주장을 했으니깐 그 결정적 주장에 대해서 반박을 하셔야 되는데 그 결정적 주장에 대해서는 아무런 반박을 지금 못하셨습니다.

그러면 어떤 결정적 주장을 저희가 했는지 살펴보겠습니다. 상피고인 이재명 그 다음에 피고인 정진상 두 분이 이른바 민간업자들하고 결탁이 돼 있으면 그들의 5대 희망사항을 들어주어야 하는 것이고, 거절할 수 없는 것 아니냐 이게 저희들의 가장 핵심적인 주장 중에 하나입니다. 방금 검사님들은 반박을 하셨는데 이 부분에 해서는 일언반구도 안 하셨는지 못하셨는지 어쨌든 발언이 없었습니다. 재판부께서 이걸 기억해주시기 바랍니다.

두 번째 사업이 시행된 다음에 1,120억 원을 추가 부담시켰습니다. 검사님은 1,120억 원이 아니고 920억 원이다. 또 920억 원이 아니고 520억 원이다 이렇게 계속 말씀을 하시는데 여기에서 금액이 중요한 게 아니고 설사 검사님 말씀대로 520억 원이라고 하더라고 민간업자들하고 결탁이 돼 있으면 520억 원을 왜 추가로 부담시키 겠습니까. 이것은 바로 참나무숲이라는 결정적 증거입니다. 이 부분 에 대해서는 검사님들은 한마디도 못하셨습니다.

다음으로 평당 가격을 1,400만 원으로 평가하느냐 아니면 검사님 들이 공소장에 쓴 대로 1,551만 원에서 1,633만 원 이걸로 쓰느냐에 대해서 김윤우 변호사님이 결정적 주장을 하셨습니다. 그래서 공소 장에 언급된 하나감정평가법인의 이것은 일종의 컨설팅 업무보고 서에 불과하다, 1,400만 원으로 평가해야 된다는 것은 독립기관 간 의 거래, 공정거래, 시장가격에 의해서 확인된 거다, 그러면 1,400만 원이라는 것이 (검사가 주장하는 1,551만 원에서 1,633만 원에 비하여) 천양지차의 경쟁력을 가지고 있는 것이라고 주장을 했는데 이 주장 에 대해서는 검사님들이 한 말씀도 안 하셨습니다.

다음으로 2014년 6월 달에 지방선거가 있었는데 만약에 상피고 인 이재명, 피고인 정진상 두 분이 민간업자들하고 결탁되어 있었다 면 5월 달에 민간업자들의 핵심적 요구사항과 정반대의 결정을 할 수가 없었을 것입니다. 이건 상식적인 거죠. 그런데 5월 달에 그들이 요구하는 이른바 부채꼴 모양의 구역을 선택하지 않고, 손가락 모양의 구역을 확정을 했습니다. 이것도 역시 저희 변호인단은 참나무숲에 해당된다는 결정적 주장을 한 것입니다. 여기에 대해서도 검사님들은 한마디도 반박을 못하셨습니다.

또 하나 결론과 관련해서 김윤우 변호사는 (검사는) 70%를 공사가 가져와야 된다고 주장을 했는데, 70%를 가져와야 된다는 검찰의 주장이 근거가 없다고 반박 주장을 했는데 여기에 대해서도 재반박을 못하셨습니다.

또 하나 우리가 상식적으로 생각할 때 결론적으로 하나은행 컨소시엄이 선택이 됐고 그들(대장동 일당)이 하나은행 컨소시엄의 뒤에 숨어 있었다는 것 아닙니까. 그러면 배임이라고 하려면 다른 선택지인 산업은행 컨소시엄이나 메리츠 컨소시엄이 선택됐을 때와 하나은행 컨소시엄이 선택됐을 때에 공사가 얻은 이익의 차익, 그것을 배임액으로 보는 것이 상식적이라고 저는 생각합니다. 그런 취지의 주장도 김윤우 변호사가 했습니다. 그런데 여기에 대해서도 검사님들은 한마디도 반박을 못했습니다.

이처럼 이 사건 변호인들이 했던 참나무숲이다 라고 하는 핵심 주장에 대해서 방금 검사님들은 한마디도 반박을 못하셨다는 것을 재판부께서는 기억해주셨으면 좋겠습니다.

대장동의 진실

국민의힘
-조폭 연루 대선공작게이트

서울고등법원은 장영하 변호사에
대하여 공소제기를 결정했다.
이로써 검찰이 봐주기 결정을 했다는
사실이 법원에 의해 확인되었다.

국민의힘 김용판 의원은 2021. 10. 18. 국정감사장에서 "이재명 대선후보가 국제마피아파 조직원한테서 수십 차례에 걸쳐 20억 원 가량을 받았다"고 주장하면서 국제마피아파 조직원 박철민 등이 이재명 시장의 차량에 실었다는 1억 5천만 원 현금다발이라며 사진도 함께 공개했다. 김용판 의원에게 제보를 한 사람이 국민의힘 소속 장영하 변호사다. 장영하 변호사는 국정감사 이후에 박철민의 진술서, 사실확인서를 자신의 페이스북에 게재하고, 기자회견을 따로 열어 폭로를 이어갔다.

이것이 이른바 국민의힘 – 조폭 연루 대선공작게이트이다. 이 사건은 대선에 큰 영향을 미쳤다. 윤석열 후보와 이재명 후보의 득표율 차가 고작 0.75%였고, 표차는 24만 7077표에 불과했다. 따라서 이 대선공작게이트가 없었다면 당락이 바뀌었을 것이라고 판단할 수 있다. 나는 이 공작 사건으로 민주당이 대통령 선거 승리를 도둑맞았다고 생각한다.

검찰은 박철민을 공직선거법위반(허위사실공표)으로 기소하였으나, 장영하 변호사에 대해서는 경찰이 신청한 구속영장을 반려하고 혐의없음 처분했다. 명백한 봐주기였다. 2022. 9. 12. 한겨레는 장영하 변호사가 혐의없음 처분을 받기까지 경과를 잘 정리하여 보도하였으므로, 이를 그대로 옮긴다.

‘이재명 조폭 연루설’ 장영하 불기소에…민주 “노골적 봐주기”

(한겨레 2022. 9. 12.)

‘이재명 조폭 연루설’ 장영하 불기소에…민주 “노골적 봐주기”

임재우 기자 + 구독

검찰이 '이재명 조폭 연루설'을 제기한 장영하 변호사를 무혐의 처분하자 더불어민주당은 '검찰의 노골적인 봐주기'라며 강력 반발했다. 민주당은 "검찰의 민낯을 드러내고 장 변호사를 반드시 법의 심판대에 세우겠다"며 재정신청을 했다.

장영하 변호사는 이재명 민주당 대표가 성남시장 시절 조직폭력배와 친분을 맺고 뇌물을 받았다는 의혹의 최초 제보자다. 장 변호사는 국제마피아파 조직원 박철민씨의 주장을 김용판 국민의힘 의원에게 전달했고 김 의원은 지난해 10월18일 국정감사장에서 "이재명 대선후보가 국제마피아파 조직원한테서 수십 차례에 걸쳐 20억원가량을 받았다"고 주장했다. 김 의원은 박씨 등이 이 후보 차량에 실었다는 1억 5천만원 현금다발이라며 사진도 함께 공개했다. 그러나 공개된 현금다발 사진은 박씨가 자신의 사업을 과시하기 위해 페이스북에 올린 것과 동일하다는 사실도 당일 밝혀졌다. 하지만 장 변호사는 '이재명-조폭 커넥션'을 거듭 주장했다. 그는 국감 이틀 뒤 긴급 기자회견을 열어, 박씨가 직접 작성했다는 사실확인서와 이 후보가 신원불상의 남성과 함께 찍은 사진을 공개하며 "이 후보가 조폭으로 추정되는 인물과 함께 있다", "이런 사람이 도지사를 하고, 대통령 후보를 한다는 것은 국민에 대한 모독"이라고 주장했다. 민주당은 낙선 목적의 허위사실 공표라며 공직선거법 위반 혐의로 장 변호사와 박씨를 같은 달 즉시 고발했다. 수사에 착수한 경찰은 지난달 장 변호사의 구속영장을 신청했지만 서울중앙지검 공공수사2부(부장 이상현)는 이를 반려했다. 검찰은 나아가 지난 8일 이재명 대표를 기소하면서 장 변호사는 무혐의 처분했다. "박씨의 제보를 (진실로) 믿었다고 진술하고 있으며 그 진술을 배제할 만한 증거가 부족하다"는 이유였다. 반면, 수원지검 공공수사부(부장 정원두)는 박씨를 선거법 위반 혐의로 재판에 넘겼다.

민주당은 검찰의 장 변호사 불기소가 '편파·불공정 수사의 결과'라며 반발했다. 김의겸 대변인은 지난 11일 서면브리핑에서 "경찰은 장 변호사를 체포해 구속영장을 신청했으나 검찰은 뚜렷한 이유도 없이 기각했다. 이때 장 변호사의 변호인이 윤석열 대통령 친구 석동현 변호사였다"고 밝혔다. 양부남 민주당 법률위원장은 12일 〈한겨레〉와 한 통화에서 "김용판 의원의 주장이 허

　　서울중앙지방검찰청 공공수사 제2부는 2022. 9. 8. 장영하 변호
사의 공직선거법위반 등 사건을 혐의없음 처분했다. 이 날은 제
20대 대통령선거 관련 공직선거법위반 사건의 공소시효 만료일이
다. 2022. 9. 8. 더불어민주당은 장영하 변호사를 공직선거법위반
(허위사실공표)로 고발하였으므로 검찰의 혐의없음 처분에 대하여
서울고등법원에 재정신청을 하였다. 더불어민주당이 2022. 9. 8.을
그냥 넘겼다면 재정신청도 하지 못했을 것이고, 장영하 변호사는
면죄부를 받았을 것이다. 그러나 더불어민주당 법률국과 법률위원
회 부위원장 조상호 변호사가 공소시효 마지막 날 혐의없음 처분
사실을 알아채고 재정신청서를 접수했다.

　　검찰이 혐의없음 처분을 한 불기소 이유 요지는 "이재명의 조폭
유착 및 뇌물 수수 의혹 제기와 관련하여 살피건대, 다음과 같은 사
정을 종합하면 피의자는 박철민의 제보내용 및 제공자료를 진실한
것으로 믿을 만한 상당한 이유가 있다고 보이므로 피의자에게 허위

성의 인식이 있었다고 보기 어렵다"이었다.

그러나 불기소 결정문에 첨부된 경찰의 송치 의견서를 보면, 경찰이 죄가 된다고 판단한 상세한 이유가 기재되어 있고, 그 이유는 설득력이 있다.

나는 더불어민주당 법률위원회 부위원장으로서 더불어민주당이 재정신청서를 접수한 직후에 당으로부터 매우 중요한 사건이니 반드시 장영하 변호사가 기소될 수 있도록 재정신청이유서를 작성해 달라는 요청을 받았다.

나는 관련 자료를 검토하고, 이 사건은 검찰이 장영하 변호사를 대놓고 봐준 사건이라는 결론을 내렸다. 나는 1. 피의사실 요지, 2. 검사의 불기소처분 이유 요지, 3. 검사 불기소 이유의 부당성, 4. 의혹 제기가 공직선거법상 허위사실공표가 인정된다는 대법원 판례, 5. '확정적 고의', '미필적 고의' 관련 대법원 판례, 6. 피의자 및 상피의자 박철민, 박용승은 허위사실을 공표할 충분한 범행 동기, 범죄 이익을 가지고 있었으며, 피의자는 제보의 진위를 확인할 수 있는 경력, 정보, 인맥을 가지고 있었음, 7. 진위에 대한 검증 노력을 전혀 하지 않았으며, 허위라는 객관적 증거, 진술, 정황 등을 무시하였으므로, 확정적 고의가 인정되고, 최소한 미필적 고의가 인정됨, 8. 선거에 중대한 악영향을 미침, 9. 검찰수사 및 처분의 공정성에 대한 의문, 10. 결론 순으로 57쪽 분량의 재정신청이유서를 작성하여 2022. 10. 5. 서울고등법원에 제출했다.

당시 제출한 재정신청이유서의 일부분을 그대로 옮긴다. 이 내용을 보면, 검찰이 어느 정도로 봐주기 결정을 했는지 알 수 있다.

사법경찰관은 피의자를 체포영장에 의해 체포하였고, 구속영장을 신청하기까지 하였습니다. 이처럼 사법경찰관은 이 사건 피의사실이 인정된다고 판단하였습니다.

그러나 검사는 피의사실이 넉넉하게 인정됨에도 불구하고 위와 같이 불합리한 이유로 불기소처분을 하였습니다. 검사는 사법경찰관 작성 범죄사실 기재에 혐의가 충분히 인정된다는 점이 상세히 기재되어 있음에도 이를 전혀 반영하지 않았으며, 사법경찰관의 의견을 반영하지 않을 때에는 합리적인 이유를 제시하였어야 함에도 전혀 이유를 설시하지 않았습니다.

더욱이 검사가 불기소처분의 이유로 설시한 내용은 명백히 대법원 판례에 반하는 사실오인 및 법리오해로서 피의자의 허위성 인식을 충분히 인정할 수 있음에도 이를 부인한 잘못이 있습니다. 대법원이 제시한 '범의' 인정 기준을 적용해볼 때 피의자는 명백히 '범의'를 가지고 있었고, 최소한 '미필적 고의'를 가지고 있었습니다.

검사가 피의자에게 허위성 인식이 있었다고 보기 어렵다고 판단한 구체적 사유가 얼마나 부당한지 살펴보겠습니다.

" 위 의혹 제기는 박철민의 제안과 적극적으로 공개 의사로 이루어진 것이고, 피의자는 박철민이 제공한 자료를 토대로 본건 행위에 이른 것으로 확인된다"고 판단하였습니다. 그러나, 상피의자 박철민, 박용승이 먼저 피의자에게 제보하였는지 여부는 허위성 판단의 요소가 아닙니다.

" 피의자 입장에서 박철민은 전 국제마피아파 조직원으로서 내부제보자의 성격이 강했고, 피의자는 박철민으로부터 관련 의혹에 부합하는 듯한 내용이 구체적으로 기재된 사실확인서, 진술서, 돈다발 사진, 박철민이 뇌물 전달자로 지목한 장○○이 뇌물 전달 사실을 인정하는 듯한 내용이 기재된 편지 등을 제공받기도 하였다"고 판단하였습니다. 그러나, 아래에서 상세히 살펴보겠지만, 상피의자 박철민이 작성한 진술서, 사실확인서, 상피의자 박철민이 촬영한 현금사진은 상피의자 박철민의 제보의 신빙성을 담보하는 증거가 될 수 없고, 장○○의 편지는 그 내용이 무엇인지 알 수 없지만 장○○를 상대로 진실 여부를 검증하지 않은 이상 그 자체로 상피의자 박철민의 제보의 신빙성을 담보하는 증거가 될 수 없습니다. 더욱이 뒤에서 본 바와 같이, 피의자가 장○○, 장◇◇을 면담하였을 때 이들은 뇌물 전달 사실을 부인하였습니다. 피의자는 장○○, 장◇◇과 면담 이후에도 상피의자 박철민의 제보가 진실이라고 허위 주장을 계속하였습니다.

" 박철민은 2016. 2.경 국제마피아파를 탈퇴하면서 국제마피아파 조직원들에 대한 범행 사실을 제보하여 다수의 조직원들이 처벌받은 사실이 있고, 피의자도 이러한 점을 2021. 9.~ 10.경 박철민을 접견하는 과정에서 알게 되었다"고 판단하였습니다. 그러나, 상피의자 박철민이 국제마피아파 조직원들에 대한 범행을 제보한 사실이 있었는지 여부와 상피의자 박철민의 이 사건 제보가 진실인지 여부는 무관한 사실입니다. 오히려 상피의자 박철민은 국민의힘 당원이면서 성남시의원을 3번이나 역임한 상피의자 박용승의 아들이므로 상피의자 박용승을 정치적으로 돕기 위하여 허위 제보를 했을 가능성이 충분했고, 폭력사범, 마약사범으로 처벌받은 전력이 있는 자이므로 제보의 신빙성을 의심할 충분한 이유가 있었습니다. 따라서 상피의자 박철민의 과거 경력은 제보의 신빙성을 의심할 사유가 될지언정 제보의 신빙성을 담보하는 사유는 될 수 없습니다.

" 박철민은 의혹 관련 자료 제공을 요청하고 독자적인 검증활동을 하려는 피의자에게 섣불리 움직이지 말고 자신을 믿고 기다리라는 취지로 수회 얘기하였는바, 피의자 입장에서 위 의혹에 대한 독자적인 검증활동을 함에 있어 다소 제약이 있었던 것으로 보인다"고 판단하였습니다. 그러나, 상피의자 박철민이 검증을 하지 말고 믿으라고 말했다는 사실이 피의자가 제보의 진실성을 검증하지 않은 것에 대한 변명이 될 수 없고, 오히려 그런 말을 한다는 것이 제보의 신빙성을 의심할 사유가 된다고 할 것입니다.

2023. 4. 27. 서울고등법원은 장영하 변호사에 대하여 공소제기를 결정했다. 이로써 검찰이 봐주기 결정을 했다는 사실이 법원에 의해 확인되었다. 법원에 의해 정의가 실현된 것이다.

나는 공소제기 결정 사실을 정진상 실장 재판을 하던 날 더불어민주당 법률국으로부터 연락을 받고 알았다. 대한민국 법원을 믿었지만, 2022. 10. 5. 재정신청이유서를 제출하였는데, 약 6개월이 되었음에도 결정이 늦어지자 은근히 불안했던 것이 사실이었다. 올바른 결정을 해주신 법원 담당 재판부에 감사 말씀을 드린다.

서울고등법원 결정문의 핵심요지는 아래와 같다.

그러나 사실 이○석은 이재명에게 20억 원 또는 1억 5천만 원 상당의 뇌물을 제공한 사실이 없었고, 이재명은 이○석으로부터 위와 같은 뇌물을 수수한 사실이 없었으며, 박철민이 이재명에게 1억 5천만원 상당의 현금을 전달한 사실이 없을 뿐만 아니라, 위 현금 사진 2장 역시 이재명에게 전달한 현금을 찍은 사진이 아니었다.

피고인(장영하)은 박철민과 공모하여 (중략) 마치 이재명 후보자와 이○석 사이에 뇌물이 수수되었고, 박철민이 이재명 후보자에게 1억 5천만 원 상당의 현금을 뇌물로 전달하였으며, 위 현금 사진이 위와 같이 수수된 뇌물을 찍은 사진인 것처럼 후보자에 관한 허위의 사실을 공표하였다.

2023. 11. 9. 수원지법 형사12부(황인성 부장판사)는 공직선거법 위반 혐의로 기소된 박철민에게 징역 1년 6월을 선고했다. 이 사건 재판부는 이 공작사건이 대선 결과에 영향을 미쳤다는 사실을 판시하였다. 연합뉴스 기사 일부를 그대로 옮긴다.

뉴스룸 최신기사
"이재명에 현금 전달" 주장 폭력배 박철민 '징역 1년 6월' 선고

재판부는 "피고인의 주장이 일관되지 않거나 모순되고, 뇌물 총액을 20억 원으로 특정한 근거가 전혀 없는 점 등을 고려하면 피고인이 공표 적시한 사실은 허위라는 것을 인정할 수 있다"고 판시했다.

이어 "피고인은 우리나라가 앞으로 나아갈 방향을 결정하는 데 극도로 중요한 대통령 선거와 관련해 돈다발 사진과 같은 자극적인 수단을 이용해 전파 가능성이 매우 큰 방법으로 범행을 저질렀다"며 "이재명은 당선이 유력한 대통령 후보자 중 한 명이었기에 피고인이 공표·적시한 사실은 국민적 관심거리가 됐고, 이에 따라 그의 명예가 침해됐다"고 설명했다.

재판부는 "뇌물을 수수했다는 사실은 유권자 표심에 아주 큰 영향을 끼칠 수 있는 사항일뿐더러 그와 같은 사실의 공표 적시로 이재명이 자칫 형사 처벌 위험에 놓일 수 있었다"며 "피고인은 자신에게 유리한 증인을 확보하기 위해 마치 사법을 거래 대상으로 삼을 수 있는 것처럼 제안하고, 증인 신문 과정에서 증인에게 욕설하는 등 재판에 임하는 태도도 불량했다"고 했다.

민주당 검찰독재정치탄압대책위원회는 2023. 11. 10. 오전 국회에서 기자회견을 열고 "지난 대선을 흔들었던 국민의힘발(發) 조폭

게이트의 진실이 법원에 의해 밝혀졌다"며 "강백신을 비롯한 대선
개입 여론조작 특별수사팀은 해당 사건을 윤석열 대통령 명예훼손
과 같은 기준으로 수사하여 진실을 명명백백하게 밝혀야 한다"고
밝혔다.

이처럼 대선공작게이트를 한 것은 분명히 국민의힘임에도 불구
하고, 검찰은 마치 뉴스타파가 김만배와 인터뷰를 하여 대선공작을
한 것인 양 언론탄압 수사를 하고 있다. 대한민국 검찰, 참으로 통탄
할 일이다.

서울고등법원 공소제기결정문을 그대로 옮긴다.

서 울 고 등 법 원

제 30 형 사 부

정 본 입 니 다
2023. 4. 27.
서울고등법원
법원주사보 윤진의

결   정

사 건	2022초재1971 재정신청	
신 청 인	더불어민주당	
피 의 자	장영하	
불 기 소 처 분	서울중앙지방검찰청 2022. 9. 8.자 2022형제44734호, 47035호 결정	

주   문

별지 기재 사건에 대하여 공소제기를 결정한다.

신청인의 나머지 재정신청을 기각한다.

대장동의 진실

이   유

신청인은 피의자를 '2021. 10. 20. 기자회견 허위사실 공표'의 공직선거법위반 혐의로 고발하였고, 검사는 위 공직선거법위반 혐의를 포함한 피의자의 공직선거법위반 혐의 4건에 대하여 모두 혐의없음(증거불충분)의 불기소처분을 하였다. 이에 신청인은 피의 자의 공직선거법위반 혐의 4건 모두에 대하여 이 사건 재정신청을 하였다.

신청인이 제출한 자료들과 그 밖에 기록에 드러난 여러 사정들을 종합하면, 신청인 이 고발한 위 공직선거법위반 혐의(별지 기재 사건 부분)에 대하여는 공소를 제기하는 것이 타당하다고 인정된다. 그러나 나머지 3건의 공직선거법위반 혐의는 신청인이 고 발하였다고 볼 만한 자료가 없으므로, 그 부분에 대한 신청인의 재정신청은 허용되지 않는다.

그렇다면 이 사건 재정신청 중 별지 기재 사건 부분은 이유 있으므로, 형사소송법 제262조 제2항 제2호에 따라 별지 기재 사건에 대한 공소제기를 결정하고, 나머지 부 분에 대한 재정신청은 법률상의 방식에 위배되므로 형사소송법 제262조 제2항 제1호 에 따라 신청인의 나머지 재정신청을 기각한다.

2023. 4. 27.

재판장   판사   강민구

판사   최헌종

판사   강효원

별지

공소제기 대상 사건

피고인 장영하 (580409-1019711), 변호사
      주거 성남시 수정구 산성대로 469(단대동)
      등록기준지 서울 광진구 구의동 210-21
죄명 공직선거법위반

적용법조 공직선거법 제250조 제2항, 형법 제30조

범죄사실

[기초사실]

피고인은 2006년 이래 주로 성남시에서 활동하면서 여러 차례 성남시장 선거에 출마하였다가 낙선한 경력이 있는 지역정치인이자 변호사로서 국민의힘 당원이다.

박철민은 성남시를 주 활동 무대로 하는 국제마피아파라는 범죄단체의 구성원으로 활동한 전력이 있고, 2019. 5. 11. 폭력행위등처벌에관한법률위반(공동공갈) 혐의로 체포되어 구속된 후 현재까지 수용 중이다.

박철민의 아버지 박용승은 1993년부터 2002년까지 성남시의원으로 재직한 바 있고 그 후 여러 차례 성남시의원에 출마하였다가 낙선한 경력이 있는 지역정치인으로서 2021. 4. 24. 국민의힘 성남시 수정구당협위원회 청년위원장으로 임명되었다.

[구체적 범죄사실]

박철민은 2021. 3.경 서울동부구치소에서 수용되어 있던 중 자신의 국제마피아파 활동 전력을 배경으로 '국제마피아파 조직폭력배인 이█이 성남시로부터 특혜를 받고 그 대가로 당시 성남시장 이재명에게 뇌물을 제공했다'는 취지의 허위 사실을 폭로함으로써 제20대 대통령선거 더불어민주당의 유력한 후보로 거론되는 이재명을 당선되지 못하게 하는 데 기여하기로 마음먹었다. 그에 따라 박철민과 아버지 박용승은 2021. 6. 16.경부터 10. 8.경까지 여러 차례에 걸쳐 서울구치소에 수감 중인 이█에게 서신을 보내 '이재명과 국제마피아파 조직 사이의 부적절한 부분에 대해 명확한 자료를 달라, 그러면 국민의힘 등 정치권의 힘을 빌어 형량을 줄여 출소할 수 있도록 돕고, 사업 지원 비용 등 금전적인 도움을 주겠다'는 취지로 회유하였으나 이█이 이에 전혀 응하지 않았다. 그럼에도 박철민은 평소 박용승과 친분이 있는 피고인을 통해 자신이 직접 작성한 진술서 등을 국민의힘 측에 전달하기로 하였다.

이에 따라 피고인은 2021. 9. 16.경 박용승으로부터 '박철민은 조직폭력배 이█이 운영하는 주식회사 ██████가 성남시로부터 우수기업 장려상 수상 등 특혜를 받은 대가로 이█이 이재명에게 1억 5,000만 원 상당의 뇌물을 제공한 사실을 제보할 수 있고, 관련 증거도 제공할 수 있으니, 박철민을 접견하여 제보내용을 듣고 관련 증거를 받으라'는 취지의 연락을 받고, 2021. 9. 17.부터 2021. 10. 15.까지 여러 차례에 걸쳐 서울동부구치소와 수원구치소에서 박철민을 접견하여 박철민으로부터 '이█이 성남시로부터 주식회사 ██████가 성남시 선정 우수기업 조건에 부합하지 않음에도 장려상을 받는 등 특혜를 제공받았고, 그 대가로 이재명에게 제가 직접 돈을 전달한 적도 있고, 제 친구가 전달한 적도 있고, 관련 증거도 있다'는 취지의 제보를 받았고, 그 과정에서 「██ 형님이 이재명에 대한 뇌물공여 및 비리사건에 대해 명확히 협조하겠다는 뜻을 밝히셨다. 그래서 저에게 일부 자료와 계좌 내역을, 이재명의 차명계좌를 대략 알려주셨다. (중략) 이지사에게 제가 직접 돈을 전달한 적도 있고, 제 친구가 전달한 적도 있다. (중략) ██ 형님께서 확고히 말씀하시니 언론에 제보하게 되었다. (중략) 이

■■ 형님의 ■■■■■■■라는 기업도 사실 불법도박사이트에 자금 세탁 용도 회사였다. (중략) 직원들도 모두 국제마피아파 현역 조직원들이 이사로 등재되어 있고 대리 팀장으로 일을 하였으며, 그런 사실을 모두 알고 있음에도 이재명 지사는 조건이 부합하지 않은 회사를 성남시 우수기업으로 표창하고 선정하여 특혜를 주고, 건설 등 여러 가지의 사업을 저희와 함께 하였다.」라는 취지로 박철민이 작성한 2021. 10. 6.자 진술서와 '5만 원짜리 현금 다발을 쌓아 놓고 찍은 사진 2장'을 건네받으면서 '이재명에게 돈을 전달할 때 현금 약 1억 5,000만 원을 놓고 찍은 사진'이라는 설명을 들었고, 「이재명 도지사는 ■■■■■■가 국제마피아파의 조직원들의 도박사이트 자금세탁의 회사인 줄 알면서도 특혜를 주었고, 국제마피아파 측근들에게 용역 등 시에서 나오는 사업에 특혜를 지원해 주는 조건으로 불법 사이트 자금을 이재명 지사에게 수십 차례에 걸쳐 20억 원 가까이 지원을 하였고, 현금으로 돈을 맞춰 드릴 때도 있었다 …(중략)… 이■■ 형님 변호사를 통하여 협조 의사와 돈을 건네준 정황 계좌 모두 협조하기로 하였고, 저에게 일부 정황과 자료 또한 주었다.」라는 취지로 박철민이 작성한 2021. 10. 9.자 사실확인서를 건네받았다.

그런데 피고인은 박철민이 이■■ 측으로부터 위 제보 내용과 관련된 자료나 제보 등을 전혀 제공받지 못하였다는 것을 알고 있었고, '이재명의 성남시장 재임 기간이 끝난 2018. 11.경 박철민이 자신의 페이스북에 광고회사 등 사업을 하여 수익을 얻었다는 취지로 위 현금 사진 2장을 게재하였다'는 사실도 알고 있었으며, 2021. 10. 19. 12:00경 박철민이 뇌물전달자로 지목한 장■■을 장■■ 사무실에서 만나 "■■■■와 이재명을 한번도 본 적이 없고, 돈을 전달한 적도 만난 적도 없다."라는 말을 들었고, 2021. 10. 19. 오후 박철민이 또다른 뇌물전달자로 지목한 장■■을 피고인의 사무실에서 만나 "돈 심부름한 사실은 없으며 조직원도 아니다."라는 얘기를 들었을 뿐이고, 박철민의 위 제보내용 및 위 사실확인서에 기재된 내용이 사실인지와 위 현금 사진이 실제로 이재명에게 건네진 현금을 촬영한 사진인지에 대하여 달리 확인하거나 검증한 바 없었다.

그럼에도 피고인은 2021. 10. 20. 15:00경 성남시 수정구 단대동 69-3 태영빌딩 3층에 있는 법무법인 디지털 사무실에서 기자회견을 열어 50여명의 기자들에게 「박철민 사실확인서와 사진을 신뢰하는가와 또 하나는 국감장에서 찍힌 사진이 박철민 페이스북에 나왔다는 이유로 많은 이가 의문을 제기했습니다. 심지어는 가짜다, 거짓이다 라고 하는데 그렇지 않다는 것을 국민들에게 설명드리는 게 예의라고 생각했습니다. (중략) 박씨는 돈이 없어서 돈다발 사진은 자신 돈으로 찍을 수 없었고 사진 속 돈은 전부 온라인 사행성 도박사이트, ■■■■■에서 나왔고, 실질적 지배권은 이■■이 행사했기에 마음대로 사진 찍을 수 있는 입장이 아니었다고 했습니다. 이■■ 대표가 이재명 지사에게 돈을 전달할 때 촬영한 것입니다. (중략) 자기 돈을 촬영한 게 아니라 돈 전달할 때 뭉치가 있어서 꺼내두고 사진 촬영하고 전달했다고 합니다.」라는 내용 등이 기재된 기자회견문을 배포하

고 위 2021. 10. 9.자 사실확인서와 위 현금 사진 2장 등을 제시하면서 '이재명이 이███

회사에 특혜를 제공하고 뇌물을 받았다는 제보는 사실이고, 현금 사진이 허위라고 하는데

이재명에게 돈을 전달할 때 찍은 사진이 맞다'는 취지로 발언하였고, 이와 같은 기자회견

내용은 언론매체를 통해 보도되었다.

그러나 사실 이███은 이재명에게 20억 원 또는 1억 5,000만 원 상당의 뇌물을 제공한

사실이 없었고, 이재명은 이███으로부터 위와 같은 뇌물을 수수한 사실이 없었으며, 박철

민이 이재명에게 1억 5,000만 원 상당의 현금을 전달한 사실이 없을 뿐만 아니라, 위 현금

사진 2장 역시 이재명에게 전달한 현금을 찍은 사진이 아니었다.

이로써 피고인은 박철민과 공모하여 제20대 대통령 선거에서 이재명 후보자가 당선되지

못하게 할 목적으로 이재명 후보자에게 불리하도록 마치 이재명 후보자와 이███ 사이에

뇌물이 수수되었고, 박철민이 이재명 후보자에게 1억 5,000만 원 상당의 현금을 뇌물로 전

달하였으며, 위 현금 사진이 위와 같이 수수된 뇌물을 찍은 사진인 것처럼 후보자에 관한

허위의 사실을 공표하였다. 끝.

대장동의 진실

1판 1쇄 발행 2023년 12월 15일

지은이 이건태
펴낸이 정현웅

다원서가

주소 10081 경기도 김포시 김포한강2로 361, 705-1602(사무실)
전자우편 daonebooks@naver.com
전화 +82-10-9290-2230 **팩스** 031)624-2284
신고번호·제 2022—000010호(2022. 03. 22)

ISBN 979-11-985615-0-3 (03300)